ESTHER KURFÜRST-MANTEI

Nicht meines Vaters Kind

**Über die Autorin:**

Esther Kurfürst-Mantei wurde Mitte der 1970er-Jahre in der damaligen DDR geboren. Durch Zufall erfuhr sie, dass sie nicht das leibliche Kind ihres Vaters ist. Jahrzehntelang hat sie für ihr Recht auf Wahrheit gekämpft und schließlich ihre algerischen Wurzeln gefunden. Heute lebt sie mit ihrer Familie in der Nähe von Düsseldorf.

Esther Kurfürst-Mantei

# NICHT MEINES VATERS KIND

## Wie ich nach langer Suche endlich meine Wurzeln und mich selbst fand

lübbe

Dieser Titel ist auch als E-Book erschienen

Die Geschehnisse in diesem Buch haben sich so abgespielt wie geschildert.
Zum Schutz ihrer Rechte wurden die Namen einiger Personen geändert.

FSC
www.fsc.org
MIX
Papier aus verantwortungsvollen Quellen
FSC® C014496

Originalausgabe



Textredaktion: Matthias Auer, Bodmann-Ludwigshafen
Umschlaggestaltung: Tanja Østlyngen
unter Verwendung von Motiven von © NadyaEugene/shutterstock
und © Eladora/shutterstock
Satz: hanseatenSatz-bremen, Bremen
Gesetzt aus der Adobe Garamond Pro
Druck und Verarbeitung: GGP Media GmbH, Pößneck
Printed in Germany
ISBN 978-3-404-61726-5

2 4 5 3 1

Sie finden uns im Internet unter:
luebbe.de
Bitte beachten Sie auch: lesejury.de

# Widmung und Danksagung

*Für Torsten, Annika und Simon, die mit ihrer Liebe, ihrer unendlichen Geduld und ihrem neugierigen freien Geist mein Leben so besonders machen.*

*Dieses Buch gäbe es nicht ohne meine Familie, meinen Bruder Zoheir, meine Freundinnen, Andrea – und meinen Mut.*

*Es steht das Recht der Mutter auf ihr Geheimnis gegen das Recht der Tochter zu wissen, wer ihr Vater ist … Die eine Frau braucht die Lüge, die andere die Wahrheit wie die Luft zum Atmen.*

Gisela Heidenreich, Paar- und Familientherapeutin

# Kapitel 1

»Weißt du eigentlich, dass dein Vater nicht dein Vater ist?!«

Ich spiele mit meinem Freund Matthias an einem kleinen Weiher hinter unserem Haus. Wir bauen einen Staudamm aus Ästen und Blättern und stehen engagiert wie ein professioneller Bautrupp im knietiefen Wasser.

Warum sagt Matthias das? Und warum gerade jetzt, frage ich mich und habe keine Erklärung. Für mich kommt der Satz urplötzlich, aus heiterem Himmel, und ich fühle mich wie vor den Kopf geschlagen.

»Mein Vater ist nicht mein Vater? Was soll das?«, murmle ich nach einer Pause leise vor mich hin und schaufle jetzt bewusst ganz schnell mit beiden Händen Laub aus dem kleinen Zulauf, der den Weiher mit Wasser versorgt, um mich abzulenken. Denn ich weiß nicht, wie ich auf diesen Satz reagieren soll.

Matthias ist ein sehr guter Freund. Er sagt so etwas nicht einfach dahin. Wir sind beide dreizehn Jahre alt, wohnen im selben Viertel und gehen zusammen zur Schule. Häufig unternehmen wir nachmittags etwas zusammen. Heute sind wir bereits seit Stunden mit unserem aufwendigen Bauvorhaben beschäftigt.

Wir waren bis jetzt richtig eifrig dabei, haben aber auch viel zusammen gelacht. Meistens über uns selbst, weil uns immer mal wieder etwas umgefallen ist oder wir so heftig im Wasser geplanscht haben, dass wir beide pitschnass wurden. Zum Glück ist es Sommer und die Nässe macht uns nichts aus. Im Gegenteil, wir genießen die Abkühlung.

Aber jetzt ist unser Projekt nicht mehr so wichtig.

Ich sehe, dass meine Hände zittern, und beobachte voller Anspannung, wie die aus dem Laub gespülte tiefbraune Erde über meine Finger rinnt.

»Wieso sagst du das?«, frage ich Matthias dann direkt, möchte aber, dass es sich eher beiläufig anhört.

»Ich habe gehört, dass deine Mutter das zu meiner Oma gesagt hat!«, meint Matthias und versucht dabei, einen riesengroßen Ast zur Seite zu wuchten, was ihm aber nicht gelingt, denn der Ast rutscht vom Ufer herunter ins Wasser und blockiert den Abfluss.

»Verdammt«, flucht er und probiert gleich erneut, das schwere Gehölz ans Ufer zu zerren.

»Du spinnst doch«, zische ich kopfschüttelnd. »Ich weiß doch, wer mein Vater ist!«

Ich spreche ganz ruhig und wundere mich selbst darüber, dass meine Stimme so unbeteiligt klingt.

Äußerlich unberührt nehme ich zwei Äste und stecke sie als Begrenzung in die Erde.

»Wann hast du das denn gehört?«, frage ich dann.

»Letzte Woche schon. Ich hatte ganz vergessen, es dir zu sagen …«

Mein Herz pumpert nun rasend schnell.

Das klingt plötzlich so ernst, so wahr. Aber was soll das überhaupt? Was bedeutet das alles?

Ich verstehe natürlich, was Matthias gesagt hat, kann es aber nicht einordnen.

Mein Vater ist nicht mein Vater? Was heißt das? Was ist er denn dann? Und wenn mein Vater nicht mein Vater ist: Wer ist mein Vater?

»So ein Quatsch!«, sage ich jetzt, denke aber im selben Moment ganz besorgt: Und wenn es doch so ist?

Was ist, wenn mein Vater wirklich nicht mehr mein leiblicher Vater ist? Zerbröselt dann mein ganzes Leben?

Ich kann nicht mehr. Alles dreht sich um mich, und ich fühle mich schlecht.

Ich will weg. Sofort.

Ich werfe die Äste, die ich gerade zur Festigung des Damms in die Erde stecken wollte, achtlos ans Ufer, wische mir die nassen Hände an meiner Hose ab und renne los.

Ich will nach Hause, so schnell wie möglich.

»Esther? Was ist los? Wo willst du denn hin?«, höre ich Matthias' Stimme. Aber ich gebe keine Antwort. In meinem Kopf dreht sich nur noch ein Gedanke schneller und schneller: Ich muss die Wahrheit wissen! Jetzt. Gleich. Alles andere ist unwichtig.

»Esther? Nun warte doch …«, ruft mir Matthias nach, aber ich warte nicht, drehe mich nicht einmal mehr um. Ich will nach Hause. Ich brauche Klarheit.

Ich laufe, so schnell ich kann. Meine Beine fliegen nur so über den Boden, immer schneller und schneller. Ich sehe schon unsere Straße, das Eckhaus von Bergemanns, den Klinkerbau der Müllers, die Schule. Noch drei Hauslängen, dann bin ich daheim, dann bekomme ich eine Antwort auf das Ungeheuerliche, das Matthias da gerade herausposaunt hat.

Mein Vater soll nicht mein Vater sein. Das kann nicht stimmen. Oder doch?

Ich flitze durch den Garten, schneller, als ich es mir jemals vorstellen konnte. Aus den Augenwinkeln sehe ich meinen Vater, der in der Garage mit einem Rasenmäher hantiert. Er winkt mir zu, aber ich reagiere gar nicht darauf, sondern renne durch den Hauseingang und die Stufen zu unserer Wohnung hoch, stoße die Tür auf und düse in die Küche, in der meine Mutter gerade abwäscht.

Ich muss erst ein paarmal tief durchatmen, bevor ich halbwegs verständlich einen Satz herausbekomme.

»Matthias … er … hat gesagt …«

»Esther, huch, was ist denn los? Ist etwas passiert?«, will meine Mutter wissen und sieht mich irritiert an. »Also, nun mal etwas langsamer. So verstehe ich nichts.«

Sie trocknet sich die Hände am Geschirrtuch ab und kommt ganz ruhig auf mich zu.

»Was ist denn los?«, fragt sie mich und nimmt mich liebevoll in den Arm.

»Matthias …« Ich japse immer noch nach Luft. »Stimmt es … stimmt es … dass Papa nicht mein Vater ist?«

Jetzt ist es heraus. Ich habe es geschafft und atme schwer weiter, während ich ungeduldig auf die Antwort warte.

Meine Mutter lässt mich abrupt stehen und stellt sich schnell wieder ans Waschbecken.

Wieso antwortet sie nicht? Warum zögert sie?

Und dann höre ich ihre Stimme, wie von fern, und meine Mutter sagt etwas völlig anderes als das, was ich erwartet habe.

Statt einem überraschten »Was soll das denn jetzt?« meint sie nur knapp: »Und was, wenn es so wäre?« – und taucht dabei die Hände ins Abwaschwasser, um mit ihrer Arbeit weiterzumachen, als sei nichts geschehen.

In meinem Kopf dreht sich alles. Ich bekomme meine Gedanken nicht mehr sortiert, und ehe meine Mutter auch nur noch einen weiteren Satz sagen kann, laufe ich aus der Küche.

»Esther, warte doch!«, höre ich sie rufen und dann noch zweimal: »Esther, Esther!«

Aber ihre Stimme wird immer leiser, weil ich ganz schnell wegrenne, aus dem Haus hinaus ins Freie. Ich will in die Garage, zu meinem Vater.

Mit wenigen Sätzen bin ich bei ihm. Er sieht mich ebenfalls überrascht an, weil er sich vermutlich meine Hektik nicht erklären kann.

»Was ist denn los?«, will er wissen.

Aber statt ihm eine Antwort zu geben, platze ich sofort damit heraus, was Matthias und meine Mutter in mir losgetreten haben.

»Du hast mir gar nichts mehr zu sagen. Du bist nämlich nicht mein Vater ...«

Mein Vater ist nur kurz überrascht.

Mit dem Schraubenzieher in der Hand sieht er mich an, ganz ruhig, ganz besonnen.

Ich weiß, dass meine Augen fast schon feindselig blitzen. Ich bin sauer, geladen, unfassbar aufgewühlt und sehr gespannt, was er jetzt sagt. Insgeheim hoffe ich, dass er alles abstreitet, »Bist du verrückt« oder »Was soll der Unsinn« erwidert. Aber er sagt, genau wie Mutti, etwas, das ich überhaupt nicht erwarte.

»Weißt du, Esther, es ist eine Kunst, ein Kind großzuziehen, aber es ist keine Kunst, ein Kind zu zeugen ...«

Ich höre den Satz, verstehe ihn aber nicht. Wie bei einer gewaltigen Explosion fliegt mir gerade mit lautem Getöse mein Leben um die Ohren.

Und jetzt? Was soll ich denn jetzt machen? Wohin gehöre ich nun?

Vati legt den Schraubenzieher zur Seite und kommt auf mich zu. Er breitet dabei die Arme aus, und ich weiß, was das bedeutet. Er will mich festhalten, mir Sicherheit geben. Aber ich will nicht in seine Arme kommen. Jetzt nicht mehr. Ich will auch nicht festgehalten werden. Nicht von ihm. Wer ist er überhaupt?

Aber ich weiß auch nicht, was ich stattdessen will. Ich weiß nichts. Nicht, wohin mit meiner Energie, mit meinen Gedanken, mit mir.

Und ich mache, was mir bisher geholfen hat. Ich drehe mich um und renne weg.

»Esther, Esther«, höre ich jetzt auch meinen Vater rufen. »Esther, nun warte doch!«

Aber ich kann nicht warten. Ich kann keine Ruhe, keinen Stillstand vertragen.

In mir herrscht eine große Leere. Mein Kopf ist wie ausgeschaltet. Ich bin irgendwie gar nicht mehr da.

Ich laufe die Treppe hinauf in unsere Wohnung, stürze in mein Zimmer und werfe mich aufs Bett. Hier, in meinem geschützten Bereich, muss ich versuchen, das gerade Erlebte irgendwie einzuordnen.

Ich weiß nicht, wie lange ich dort liege. Aber irgendwann höre ich die Stimme meiner Mutter, höre das Klicken des Türgriffs, das Klopfen. Aber ich schließe nicht auf. Ich will jetzt nicht sprechen.

»Esther, machst du bitte die Tür auf!«, fordert mich meine Mutter zum wiederholten Male auf. Aber ich will nicht machen, was sie sagt, so wie sonst immer. Heute ist alles anders. Heute bin ich kein liebes Mädchen mehr, das immer genauso ist, wie man es sich wünscht. Es ist ja auch nichts mehr so, wie ich es mir wünsche.

»Esther, bitte öffne jetzt. Ich möchte mit dir sprechen!«, höre ich erneut die Stimme meiner Mutter. Aber ich reagiere nicht, sondern schalte auf stur.

Schließlich aber gebe ich dann doch nach und öffne die Tür, da ist Mutti allerdings schon weg. Also lege ich mich wieder aufs Bett, und bald schon tauchen Bilder vor meinem inneren Auge auf: Erst vor drei Tagen, am vergangenen Freitag, war es noch richtig schön mit meinem Vater. Die Erinnerung an diesen Tag läuft noch einmal wie ein herrlich bunter Film in meinem Kopf ab.

*

»Seht mal, jetzt kommt meine Tochter!« Ich höre Papas dunkle, kräftige Stimme schon am Eingang des kleinen Lokals mit dem lustigen Namen »Schwansee-Schlösschen« und blicke suchend umher.

Es ist Freitagabend und das Lokal um diese Zeit rappelvoll. Wirt Edgar, ein rundlicher Mann mit Halbglatze und Brille, steht hinter dem Tresen und nickt mir zur Begrüßung freundlich zu. Zwei Kellnerinnen servieren leckeres Essen, im Hintergrund läuft fröhliche Schlagermusik.

Mein Vater, ein sportlicher schlanker Mann mit blondem Lockenkopf und immer lustig blinzelnden blauen Augen, sitzt am anderen Ende des Schankraums mit drei Freunden am Tisch und strahlt mich an. Als sich unsere Blicke treffen, beugt er sich zur Seite und breitet seine Arme weit aus, damit ich ihn liebevoll begrüßen kann.

Es ist unser kleines Ritual, und ich mag es, dass er sich so sichtbar freut, wenn ich komme, und auch jedes Mal sichtlich stolz auf mich ist. Auch heute hat mein Vater trotz des Trubels nur Augen für mich.

»Da ist ja mein kleiner Sonnenschein«, sagt er liebevoll, als er mich fest in seine Arme nimmt, richtig knuddelt und mir dabei einen Kuss auf die Wange gibt. Dann zieht er mich neben sich auf die Bank, und ich kann ein bisschen zusehen, wie die vier Männer Karten spielen.

Mein Vater ist jeden Freitagabend in diesem Lokal. Es ist nur wenige Meter von unserem Wohnhaus in Weimar entfernt, und wenn ich nur oft genug frage, wann Vati endlich nach Hause kommt, sagt Mutti meistens: »Lauf schnell rüber und frage ihn selber.«

Ich flitze dann sofort los, weil ich immer gern mit meinem Vater zusammen bin, aber auch, weil er seinen Freunden immer ganz stolz von mir erzählt. Er lobt mich, und ich höre es gern.

Auch an diesem Freitag teilt er ihnen wieder eine tolle Neuigkeit aus der Schule mit: »Esther hat einen ganz wunderbaren Aufsatz geschrieben. Sie ist schon eine richtig gute Autorin!«

Er klopft mir anerkennend auf die Schulter, und Klaus, einer der drei Freunde, geht gleich darauf ein.

»Fantastisch, Esther, das passt ja perfekt zu unserer Heimat, der berühmten Dichter-und-Denker-Stadt Weimar. Kannst du uns wieder ein Gedicht von Johann Wolfgang von Goethe aufsagen?«

Klaus sieht mich aufmunternd an.

»Du kannst dir eins aussuchen. Nimm das, was du am besten kannst. Wir freuen uns«, meint er lächelnd.

Ich lasse mich nicht lange bitten, denn ich bin gut in Deutsch.

»Klar kann ich das!«, sage ich selbstbewusst und lege gleich los mit der ersten Strophe von *Der Erlkönig*:

*Wer reitet so spät durch Nacht und Wind?*
*Es ist der Vater mit seinem Kind;*
*Er hat den Knaben wohl in dem Arm,*
*Er fasst ihn sicher, er hält ihn warm.*

Ich rattere den Text ohne Stocken auswendig herunter, und die vier Männer hören mir aufmerksam zu.

»Bravo«, lobt mich Vati schon nach den ersten Versen. »Das

hast du wirklich wunderbar gemacht. Der Herr von Goethe wäre bestimmt mächtig stolz auf dich.«

Ich sehe etwas verlegen zu Boden, genieße aber innerlich die Zuwendung und rezitiere gleich weiter:

*Mein Sohn, was birgst du so bang dein Gesicht? –*
*Siehst, Vater, du den Erlkönig nicht?*
*Den Erlenkönig mit Kron und Schweif? –*
*Mein Sohn, es ist ein Nebelstreif …*

Die Männer hören bis zum Schluss geduldig zu.

»Bravo!«, ruft Klaus am Ende und winkt Ute, eine der beiden Kellnerinnen, zu uns an den Tisch.

»Für die schöne Vorführung hat unsere Esther eine Belohnung verdient …«

Er nickt mir zu.

»Such dir ein leckeres Getränk aus, etwas, das du gern magst.«

»Oh ja, gern. Dann nehme ich eine Maracuja-Brause«, sage ich leise und freue mich über die Einladung.

Vati zieht jetzt für mich einen Stuhl an den Tisch, und ich genieße meine Brause und das Zusammensein.

Aber mein Vater und ich bleiben heute nicht mehr lange. Ich schaue noch zu, wie die vier das Skatspiel beenden, und dann gehen wir ganz gemütlich nach Hause. Mein Vater legt dabei wie immer schützend den Arm um meine Schulter und stellt mir viele interessierte Fragen, was ich so sehr an ihm liebe.

»Was gefällt dir denn im Moment im Deutschunterricht besonders gut?« Oder: »Wie kommst du mit deiner neuen Lehrerin, Frau Neuhoff, zurecht?« Vati will immer alles ganz genau wissen. Ich mag das und schätze diese gemeinsame Zeit, in der ich allein mit ihm unterwegs bin. Denn es ist die Zeit, in der es nur um mich geht, die Zeit, in der ich meinem Vater ganz nah bin.

»Esther, du hast das Gedicht wirklich sehr schön aufgesagt. Du bist eine richtig gute Schülerin«, sagt Vati. »Ich bin sehr stolz, dass du in allen Fächern eine Eins oder eine Zwei im Zeugnis hast.«

Dabei sieht er mich anerkennend von der Seite an, und ich bin richtig selig.

Ich gebe mir ja auch Mühe, gute Noten zu schreiben. Ich gebe mir überhaupt immer Mühe, ein »gutes Kind« zu sein – und dass es klappt, bestätigen mir meine Eltern häufig …

»Und das Tolle: Bei dir klappt alles wie von selbst. Man muss sich gar nicht groß kümmern«, meint er, bleibt stehen und sieht mir in die Augen. »Aber, Esther, manchmal mache ich mir auch Gedanken, ob du dir nicht zu viel vornimmst.«

Ich weiß genau, was er meint.

»Wie schaffst du das alles?«, hat mich nämlich auch Oma Gerda erst vor Kurzem gefragt, weil sie glaubt, dass ich zu vieles gleichzeitig unternehme. Aber das stimmt nicht.

»Nein, Vati, mach dir keine Sorgen. Ich schaffe das«, erwidere ich ruhig. »Weißt du, ich mag es, nach der Schule unterwegs zu sein, und ich habe auch gern einen ausgefüllten Tag mit vielen neuen Projekten.«

»Was machst du denn im Moment alles?«, hakt Vati nach, nimmt meine Hand und geht weiter.

»Ich gehe in die Christenlehre, das macht mir richtig Spaß. Wir lesen die Bibel, aber wir beten, singen und spielen auch zusammen.«

»Ja gut, aber du lernst auch noch Blockflöte und Schlagzeug …«

»Genau, und ich spiele Handball und Tischtennis und trainiere für Leichtathletik.«

Vati stöhnt gespielt auf.

»Und, und, und … was kommt denn noch? Hast du mir nicht letzte Woche noch erzählt, dass du auch singen möchtest?«

»Stimmt, ich möchte vielleicht Sängerin werden, und Mutti findet das toll.«

»Ich auch, Esther. Wenn man sich richtig Mühe gibt, kann man alles werden. Aber man darf sich auch nicht verzetteln. Am besten, du schnupperst überall rein, und entscheidest dich dann für das, was dir am besten liegt.«

»Das meint Mutti auch. Sie hat gesagt: ›Es ist alles eine Frage des Willens. Also tu das, was du dir am meisten wünschst.‹«

»Dann nimm dir Mutti als Vorbild, und du wirst es genauso weit bringen.«

»Das will ich auch«, sage ich schnell und drücke ganz fest Vatis Hand. Es sind oft nur wenige Minuten, die wir so vertraut miteinander sprechen, aber sie laden meine Batterien für viele Tage auf.

Denn zu Hause, wenn mein Bruder Jens dabei ist, dreht sich meistens alles um ihn. Wie es mir geht? Was ich in der Schule erlebt habe, wovon ich träume? All das interessiert dann nicht mehr wirklich. Zumindest empfinde ich es so.

»Du bist total eifersüchtig«, neckt mich meine Mutter immer, wenn sie glaubt, dass ich wegen Jens wieder etwas traurig bin. »Das musst du aber nicht«, versucht sie mich dann zu beruhigen. »Ich habe euch beide gleich lieb.«

Ich höre das gern, glaube es aber nicht so recht.

Jens ist jetzt zehn Jahre alt, also drei Jahre jünger als ich, war aber von Anfang an gefühlt dreimal wichtiger.

Seit seiner Geburt dreht sich in unserer Familie alles um ihn. Wenn er sich etwas wünscht, wird es sofort erfüllt. Er bekommt das neueste Spielzeug, darf sich beim Einkaufen sein

Lieblingsessen aussuchen und muss auch keinerlei Konsequenzen fürchten, wenn er nicht macht, worum ihn unsere Eltern bitten.

Bei »Bring bitte den Müll raus« laufe ich sofort los. Jens hingegen denkt gar nicht daran, sondern präsentiert sofort eine Ausrede, warum das gerade jetzt überhaupt nicht gehe, und meine Eltern nehmen es hin. Ich komme gar nicht auf die Idee, mir etwas auszudenken. Aber ich kann mir auch vorstellen, was sie mir sagen würden. »Esther, rede nicht lange, sondern mach jetzt einfach. Es ist schon spät.«

Für Jens gelten Sonderregeln, und jede Kleinigkeit ist bei ihm gleiche eine riesengroße Sache.

Und genauso ist es auch an diesem Freitag wieder. Ich erinnere mich noch genau. Wir sind gerade erst durch die Wohnungstür gekommen, als ich schon Muttis Stimme höre.

»Bernd, komm schnell. Jens fühlt sich nicht gut. Er ist ganz blass!«

Mit einem Becher Tee rennt sie an uns vorbei Richtung Kinderzimmer, und mein Vater hat nicht mal mehr Zeit, um in Ruhe seine Jacke auszuziehen. Denn er »muss« sofort zu Jens ins Zimmer gehen. Deshalb lässt er mich natürlich stehen, um gleich hinter meiner Mutter herzulaufen und nach dem angeblichen Notfall zu sehen.

Ich stehe allein im Flur und möchte am liebsten laut »Hallo« rufen. »Hallo, ich bin auch noch da.«

Ich möchte Mutti doch erzählen, wie schön die Zeit im »Schwansee-Schlößchen« war. Aber dafür hat sie jetzt keine Zeit.

Deshalb gehe ich enttäuscht ins Wohnzimmer, schnappe mir ein Buch und lese ein bisschen.

»Mach dich schon mal fertig. Ich sage dir nachher ›Gute Nacht‹«, ruft mir meine Mutter später zu und rennt zum wiederholten Mal eilig an der Tür vorbei in die Küche. »Jens hat übrigens kein Fieber!«, fügt sie noch schnell an.

Ich stelle keine Fragen mehr, sondern husche ins Bad, lege mich anschließend in mein Bett und versuche, mich wegzuschalten, während meine Eltern meinen eigentlich ganz munteren Bruder versorgen. Doch es gelingt mir nicht. Ich höre, wie sie hektisch im Nebenzimmer zugange sind.

»Er hat ganz heiße Wangen«, flüstert mein Vater.

»Ja, aber kein Fieber«, beruhigt ihn meine Mutter. Ich beobachte ihr aufgeregtes Hin- und Herrennen, bis ich entnervt meine Augen schließe und nur noch meine Ruhe möchte.

Ja, ich bin eifersüchtig. Es stimmt. Von Anfang an habe ich ihn als Konkurrenz gesehen.

»Das ist normal bei Erstgeborenen«, hat mir Oma Gerda einmal gesagt. Sie hat recht, denn meinen beiden besten Freundinnen geht es auch so. Sie haben jüngere Geschwister und kennen das Gefühl, immer nur die zweite Geige zu spielen. Wir haben schon häufig darüber gesprochen.

»Alles Quatsch«, würde meine Mutter jetzt sagen. »Wenn du krank bist, dreht sich auch alles nur um dich. Das ist normal.«

Ich glaube das jedoch nicht und schüttle innerlich den Kopf.

Wenn ich alles zusammenzähle, drehen sich unsere Gespräche bei den Mahlzeiten zu neunzig Prozent um Jens und zu zehn Prozent um mich. Entweder weil er etwas angestellt hat und sie sich darüber aufregen oder weil er nichts angestellt hat und sie außer Rand und Band sind, weil er etwas »ach so toll« kann.

»Du bist eben immer lieb«, ist die Erklärung meiner Mutter, wenn ich mich mal wieder beschwere. Meistens streichelt sie mir dabei noch über die Wange. »Man gewöhnt sich eben daran, wenn bei so einem Sonnenschein wie dir alles gut läuft. So einfach ist das …«

Wirklich?

Ich weiß nur, dass ich eine riesengroße Sehnsucht danach habe, auch mal im Mittelpunkt zu stehen, denn solche Momente sind rar. Genau genommen erinnere ich mich nur an einen einzigen: meine Einschulung mit sieben Jahren. Für einen Tag war ich die Nummer eins und sah auch so aus. Ich trug eine schicke schwarze Hose mit weißen Sternchen und eine weiße Bluse und war mächtig stolz auf meine riesengroße Schultüte, vollgepackt mit den leckersten Süßigkeiten. Ich hatte mir eigentlich eine Tüte mit den Schlümpfen oder der Biene Maja darauf gewünscht. Das waren Figuren, die ich aus dem Westfernsehen kannte, das bei uns zwar heimlich, aber regelmäßig läuft. Aber Mutti meinte, die könne sie bei uns in der DDR nicht kaufen.

Also gab es eine Tüte mit »Schnatterinchen« und einen Beutel mit »Pittiplatsch«, beides Figuren, die bei uns im Osten populär sind, und sie war auch wunderschön.

Wow, ich war so stolz. Zumal alle da waren, um mir zu gratulieren. Meine Eltern, klar, aber auch noch viele Tanten, Onkel, Cousins und Cousinen, denn meine Eltern haben beide jeweils sechs Geschwister. Wir sind also insgesamt eine sehr große Familie …

»Es geht ihm gut!«, meint meine Mutter jetzt und holt mich damit aus meinen Gedanken. Ihre Stimme klingt erleichtert.

Sie legt dann eine Kassette von Lionel Richie ein, und wir Kinder nicken zu der sanften Musik ganz entspannt ein.

*

Mit dem Wissen von heute ordne ich viele Zusammenhänge nun ganz anders ein: Denn wenn Vati nicht mein Vater ist, dann bekommt das alles plötzlich Sinn. Dann ist das Gefühl der Zurücksetzung, das mich so lange schon begleitet, nicht falsch. Dann ist alles einfach folgerichtig …

Es klopft wieder an der Tür. »Esther, bitte komme jetzt raus. Ich mache mir Sorgen!«

Mutti steht wieder vor der Tür, und ihre Stimme klingt traurig. Es gibt Abendessen, und sie bittet mich ganz lieb zu kommen.

Dieses Mal lasse ich mich nicht mehr lange bitten, sondern gebe sofort nach und öffne die Tür.

Sie nimmt mich in den Arm und streichelt mein Gesicht. »So, dann komm mal mit. Es gibt deine Lieblingsnudeln!«, sagt sie und führt mich mit dem Arm um die Taille in die Küche. Ich setze mich an den Tisch, zu meiner Familie.

Äußerlich ist alles wie immer. Wir sitzen zusammen und gehen auch rücksichtsvoll miteinander um. »Kannst du mir bitte die Butter geben?« und: »Möchtest du noch von den Nudeln?«

Aber über das höfliche Miteinander hinaus sprechen wir wenig. Wir brauchen wohl alle Zeit, um die Situation zu verarbeiten.

# Kapitel 2

Als ich an diesem Abend zu Bett gehe, sind mein Herz und mein Kopf immer noch nicht freigepustet. Im Gegenteil. In mir rattert es intensiver denn je. Ich stochere in meinem Leben herum und gehe meine ganze Familie durch, immer auf der Suche nach Hinweisen, die mir Sicherheit geben könnten.

Mein Vater ist gelernter Automechaniker, arbeitet aber schon lange nicht mehr in seinem Beruf. Kurz vor meiner Einschulung hat er umgesattelt und ist Hausmeister geworden, ausgerechnet an einer Schule, auf die ich wenig später gehen konnte. Für mich war das ein Volltreffer, denn wir bewohnen seitdem eine Dienstwohnung auf dem Schulgelände, in einem richtig schnuckeligen kleinen Häuschen mit eigenem Garten. Das bedeutet, ich habe nicht nur keinen Schulweg, sondern auch jede Menge Freunde, die sich alle darum reißen, ihre Pausen bei uns verbringen zu können. Besser geht es nicht. Dazu kommt, dass meine Mitschüler meinen Vater mögen, weil er immer locker bleibt, Witze liebt und nie wirklich böse über etwas ist. Ich habe allen Grund, mächtig stolz auf ihn zu sein.

Meine Mutter ist anders. Sie ist eine energische, sehr konsequente und durchsetzungsstarke Frau. Sie weiß, was sie will. Beruflich ist sie Schuhdesignerin, war eine Zeit lang in einem Betrieb angestellt und arbeitet heute erfolgreich als selbstständige Täschnerin. Überdies ist sie sehr attraktiv. Mutti ist groß, schlank, hat hellbraune, leicht lockige Haare, ein fein geschnittenes hübsches Gesicht und strahlend blaue Augen.

Am meisten mag ich an ihr, dass sie sich immer sehr schick kleidet. Fast alles näht sie sich selbst, weil ihr das, was es bei uns in der DDR zu kaufen gibt, nicht gefällt. Sie kopiert die neuesten Trends aus den Modeshows, die sie im Westfernsehen sieht, und ist deshalb den anderen Frauen bei uns immer Jahre voraus. Dazu ist sie perfekt geschminkt; sie benutzt fast immer einen leuchtend roten Lippenstift, der ihr ganz wunderbar steht.

Mutti ist eine ganz besondere Frau. Das merke ich, wenn ich sie mit anderen Menschen zusammen erlebe. Sie steht im Mittelpunkt, und die Leute sind gern mit ihr zusammen, weil sie ungeheuer sympathisch ist und etwas zu sagen hat. Und weil sie etwas kann.

Eine Weile hat sie ihre Taschen bei uns im Wohnzimmer hergestellt. Aber seit einiger Zeit hat sie ein eigenes Geschäft im Zentrum von Weimar. Es liegt gleich in der Nähe des Theaterplatzes mit dem Denkmal von Goethe und Schiller vor dem Deutschen Nationaltheater, umgeben von wunderschönen alten Wohnhäusern und vielen Handwerksbetrieben. Es gibt dort eine Polsterei, einen Messerschleifer, zwei Bäcker und einen Friseur und eben das Geschäft meiner Mutter.

Hier stellt sie ihre Modelle aus, produziert wird aber nur auf Bestellung. Im Moment sind Taschen aus Lederflicken modern, man reißt sie ihr fast aus den Händen. Weimar hat viele Touristen, zum großen Teil auch aus dem Westen, und die Kunden stehen häufig bis auf die Straße.

Vati hat übrigens von Anfang an mitgemacht, das Material besorgt, den Versand organisiert und auch im Verkauf gestanden.

Ich helfe natürlich ebenfalls mit und habe sogar schon einigen Kunden eine Tasche übergeben, weil Mutti keine Zeit hatte. Oder ich nähe Knöpfe an und umwickle die Tragegriffe mit Lederbändchen. Das hat mir Mutti alles schon beigebracht. Die kleinen Arbeiten machen mir Spaß, aber ich mag es auch, wenn ich meinen Eltern helfen kann, egal wobei.

»Ich glaube, du wirst auch mal Täschnerin«, sagt Mutti oft, weil ihr auffällt, wie viel Freude ich an den schönen Sachen habe. Doch es ist mehr. Ich mag es, wenn man zusammenhält, an »einem Strang zieht« und sich gemeinsam etwas aufbaut. Und wir bauen uns etwas richtig Gutes auf. Ich bin sehr stolz auf meine Familie.

Allerdings müssen Mutti und Vati für den Erfolg auch richtig viel arbeiten. Aber uns Kinder stört das nicht, denn wir haben tolle Großeltern, bei denen wir häufig und gern sind. Ich bin am liebsten bei Oma Gerda und Opa Heinrich, den Eltern meiner Mutter. Sie haben einen idyllischen Bauernhof, ganz in der Nähe von Erfurt.

Ich bin meistens ohne Jens dort, und das liebe ich ganz besonders, denn dann gibt es keine Konkurrenz. Ich muss nämlich zugeben, dass ich auch bei meinen Großeltern ziemlich eifersüchtig auf meinen Bruder bin. Aber sie gehen locker damit um, lenken uns bei Unstimmigkeiten immer mit spannenden Aufgaben ab. Doch meistens bin ich zum Glück sowieso allein dort.

Meine Großeltern haben viele Tiere und eine kleine Landwirtschaft. Ich darf dort Kühe und Schweine füttern, Ställe ausmisten und mit Kira, ihrer Mischlingshündin, spielen. Ich pflanze zudem mit Oma Gerda Obst und Gemüse an, das wir später ernten und teilweise auch einkochen. Wir haben schon Apfelgelee und Brombeermarmelade gemacht und die kleinen Gläschen, hübsch verpackt, in der Familie verschenkt. Aber wir backen und kochen auch zusammen. Unser LPG-Kuchen ist der beste im ganzen Land. »Das kann niemand so gut wie ihr«, sagt mein Vater immer, und ich glaube, er hat recht. Mutti ist bei unseren Kartoffelplätzchen und dem Blumenkohlauflauf mit Mett ganz aus dem Häuschen. »Das beste Essen der Welt«, lobt sie uns dann immer.

Bei Oma Gerda lerne ich auch sticken, stricken und häkeln. »Du hast das Talent deiner Mutter«, sagt sie oft, und das Lob tut mir gut. Ich sauge es förmlich auf, es spornt mich an, meine Topflappen noch schneller und vor allen Dingen noch perfekter zu machen. Für meinen Vater habe ich bereits eine Krawatte in Olivgrün gehäkelt, aber er hatte bis jetzt noch keine Gelegenheit, sie zu tragen.

Mit Opa Heinrich schnitze ich Flitzebögen, und wir braten uns oft leckere Kartoffeln am offenen Feuer. Das macht besonders Spaß, weil ich bei Opa Heinrich im Sommer auch im Freien campen kann.

Und wenn nichts passiert und die Zeit einfach so vor sich hin plätschert, bin ich ebenfalls glücklich; dann kann ich ausgelassen im Stroh herumhüpfen oder in der Wiese liegen.

Es ist eben ein ganz anderes Leben als in der Stadt. Für mich ist es Freiheit pur. Ich stehe mit den Hühnern auf und hole mir morgens die Eier aus dem Stall. Ich darf sogar kurz ein Stückchen mit dem Trecker fahren und fühle mich an manchen Tagen wie eine richtige Bäuerin.

Bei Oma Edith und Opa Gustav, den Eltern meines Vaters, ist es nicht so spannend. Sie wohnen im Umland von Weimar in einem hübschen Häuschen mit üppig bewachsenem Garten. Opa war früher Direktor einer Schule und ist zwar im Ruhestand, aber immer noch genauso streng wie früher im Berufsleben. Oma Edith hat nie gearbeitet, aber sieben Kinder großgezogen. Sie hat insgesamt schon vierzehn Enkelkinder, und ich bin eigentlich nie allein bei ihnen, sondern immer mit Jens und einigen meiner vielen Cousins und Cousinen. In dieser Kinderschar fühle ich mich noch mehr zurückgesetzt als bei meinen Eltern, und es gibt immer wieder Tage, an denen das besonders deutlich wird.

So bekamen die Enkel zu Weihnachten immer einen Beutel mit richtig leckeren Süßigkeiten, zum Teil auch aus dem Westen. Es gab sogar Maoam, meine Lieblingsschleckerei. Lediglich in meinem Beutel waren nur Ostsüßigkeiten und insgesamt auch viel weniger. Ich war so enttäuscht, dass ich weinte. Silvia, meine Cousine, hat dann aus Mitleid ihre Maoam mit mir geteilt. Bei einem anderen Fest hat Oma Edith für alle Kinder kleine Kuchen gebacken, aber ausgerechnet für mich war keiner mehr übrig. Angeblich habe sie sich verzählt, meinte sie, doch ich glaubte ihr das nicht. Sie kann bis vierzehn zählen. Als ich das zu Hause brühwarm meiner Mutter erzählte, hat sie Oma Edith sofort in Schutz genommen.

»Das ist Quatsch, Oma und Opa lieben alle ihre Enkelkinder gleich«, hat Mutti mir versichert und gemeint, ich solle nicht immer so empfindlich sein und mich nicht ständig benachteiligt fühlen.

Vielleicht hat sie ja recht, und ich rede mir das alles wirklich nur ein. Aber, ganz ehrlich, im Moment glaube ich das nicht. Und nach dem, was mir Matthias gestern gesagt hat, sowieso nicht mehr.

Gut, Oma Edith und Opa Gustav sind immer freundlich zu mir. Aber ich spüre deutlich, dass etwas nicht stimmt. Es sind ganz feine Schwingungen, die ich wahrnehme. Ich empfinde meine Großeltern als eine Spur zu distanziert, eine Spur zu abweisend, eine Spur zu lieblos. Das ist kaum merklich, insbesondere nicht für Außenstehende, aber zusammengerechnet ist es für mich doch spürbar. Es scheint, als ob mir bei ihnen ständig ein kühler Wind entgegenbläst.

Richtig sicher und geliebt fühle ich mich immer nur bei Oma Gerda und Opa Heinrich. Egal, was passiert, sie lieben mich und finden mich gut, so wie ich bin …

In meinem Kopf hämmern an diesem Abend viele Fragen: Wenn mein Vater nicht mein Vater ist, wer ist es dann? Und was ist mit Jens? Ist er denn sein Sohn? Wer gehört hier zu wem? Und weiß er überhaupt Bescheid?

Morgen, noch vor der Schule, muss ich das klären. Ich brauche Antworten.

*

»Von wem ist denn jetzt Jens?«, frage ich direkt, als ich beim Frühstück kurz mit meiner Mutter allein bin.

Einen Moment lang wirkt sie wie vor den Kopf geschlagen, fängt sich aber schnell. »Dein Vater ist sein Vater!«, antwortet sie dann gequält lächelnd.

»Gut zu wissen«, murmle ich, und mit einem schnippischen »Denn das kann man ja nie wissen« lasse ich sie stehen und schäme mich im selben Moment schon für mein Verhalten.

Später, im Bad, stehe ich vor dem Spiegel und fixiere mein Spiegelbild. Wenn Bernd nicht mein Vater ist, wer ist es aber dann? Wer bin ich? Was macht meine fehlende Hälfte aus?

Fragen über Fragen, und sie tanzen immer schneller in meinem Kopf und bringen mich ganz durcheinander.

Das Naheliegende – einfach nach alldem zu fragen – traue ich mich nach diesem missglückten Gesprächsversuch auch in den nächsten Tagen nicht mehr. Ich fürchte mich davor, dass ich meine Fragen vielleicht nicht angemessen rüberbringe. Denn ich bin zu sehr verletzt. Ich fühle mich von meinen Eltern verraten, weil sie mich so lange in einer falschen Sicherheit gewiegt haben. Unser ganzes Familienleben erscheint mir plötzlich als Komödie, nur vorgegaukelt. Ich habe meinen Eltern bislang alles geglaubt und hatte nie Zweifel an dem, was sie sagten. Aber das ist jetzt anders. Dieses Urvertrauen, dass sie es gut mit mir meinen und alles zwischen uns echt ist, das ist plötzlich weg. Ich sehe sie an und stecke voller Zweifel. Es ist, als ob sich etwas in mein Inneres frisst und mich aushöhlt. Ich spüre Misstrauen, Fremdheit, Verletztheit und ziehe mich immer tiefer in mein Schneckenhaus zurück.

Ich gehe zwar weiter ganz normal zur Schule, unternehme aber danach nicht mehr viel, sondern bleibe die meiste Zeit in meinem Zimmer, male, lese oder höre Kassetten mit Musik der Neuen Deutschen Welle oder von Michael Jackson und Madonna, aber am liebsten von Nena, meiner Lieblingssängerin.

*Irgendwie, irgendwo, irgendwann.*

Der Refrain trifft meine Stimmung, und ich singe ihn stundenlang vor mich hin und warte, was in meinem Inneren passiert:

*Irgendwie fängt irgendwann*
*Irgendwo die Zukunft an*
*Ich warte nicht mehr lang*
*Liebe wird aus Mut gemacht*
*Denk nicht lange nach*
*Wir fahren auf Feuerrädern*
*Richtung Zukunft durch die Nacht.*

Und während ich singe, baut sich ein zunehmender Druck auf, und ich spüre genau, was ich brauche: Informationen. Gewissheit. Mein gerade durch die Explosion in Stücke gerissenes Selbstbild braucht neuen Kitt, um sich wieder zusammenzusetzen. Und dieser Kitt kann nur die Wahrheit sein.

*

Nach einigen Tagen in selbst gewählter Isolation will ich nach der Schule nicht länger allein sein. Ich werfe meine Schultasche in die Ecke und laufe ins Freie. Ich will zu Matthias, dem Überbringer der Nachricht, die alles auf den Kopf stellte. Er wird mehr wissen – und was das ist, soll er mir verraten. Bei unserem letzten Treffen habe ich ihn einfach stehen gelassen. Dafür will ich mich entschuldigen und dann mehr von ihm erfahren.

Ich laufe zur Wasserstelle mit unserem Damm, aber er ist nicht da. Doch bald entdecke ich ihn mit ein paar anderen Freunden beim Fußball. Als er mich sieht, kickt er den Ball zu einem Kumpel und läuft auf mich zu.

»Mensch, Esther, das tut mir so leid«, sagt er leise, und man sieht ihm an, dass er sich viele Gedanken gemacht hat.

»Nein, ich habe mich falsch verhalten. Entschuldige bitte«, erwidere ich sofort. »Ich hätte nicht einfach abhauen dürfen.«

Ich lächle ihm zu. »Du, lass uns zum Spielplatz gehen. Ich möchte dich etwas fragen.«

Matthias nickt. »Klar, was willst du wissen?«

»… was hat meine Mutter noch gesagt?«

»Nichts weiter, Esther, tut mir leid, aber ich weiß nicht mehr.«

»Kannst du deine Oma fragen?«

»Habe ich schon, gleich nachdem du abgedüst warst.«

»Und? Nun lass dir doch nicht jeden Satz aus der Nase ziehen. Sieh mal, ich muss wissen, wer mein Vater ist. Wer kennt ihn? Wo wohnt er?«

»Das verstehe ich, aber deine Mutter hat wirklich nichts weiter gesagt. Oma wusste nur, dass deine Mutter eine Zeit lang mit dir allein bei ihren Eltern gewohnt hat, als du ein Baby warst, ohne deinen Vater.«

Ich schlucke. So einfach ist das also. Jeder hat es gewusst: Oma Gerda, Opa Heinrich, Nachbarn, Freunde, aber niemand kam auf die Idee, mit mir darüber zu sprechen. Verdammt! Das tut so weh! Ich fühle mich immer mehr hintergangen.

Ich bleibe an dem Tag noch länger mit Matthias zusammen. Wir probieren uns an den neuen Klettergerüsten aus. Ich versuche, dieses rasende Bedürfnis nach Information aufzuschieben, um durchzuatmen und meinem Herzen eine Auszeit zu geben. Aber das Verlangen nach der Wahrheit liegt wie ein Stein auf meiner Seele, und ich kann das Spielen gar nicht richtig genießen.

Am Abend zu Hause nehme ich meinen ganzen Mut zusammen. Jens schläft schon, und mein Vater sitzt vor dem Fernseher, während meine Mutter an ihrem Schreibtisch arbeitet und etwas für das Geschäft vorbereitet.

Ich stelle mich neben sie und frage leise: »Wer ist denn jetzt mein Vater?«

Meine Mutter ist von der Frage sichtlich nicht erfreut. Sie hätte sich jetzt Zeit nehmen und ausführlich mit mir sprechen können. Aber genau das tut sie nicht. Sie legt nicht mal den Kugelschreiber aus der Hand, sondern sieht mich nur kurz an und murmelt: »Da gibt es nicht viel zu sagen. Er ist aus Algerien und wollte dich nicht. Mehr kann ich dir auch nicht verraten.«

»Wie, du weißt nicht mehr?! Du musst doch mehr über ihn wissen!«, entfährt es mir, und ich bohre ganz bewusst noch einmal nach. »Mutti, bitte, ich muss das wissen …«

»Ich weiß nicht mehr«, sagt sie schnell, und nicht nur ihre Stimme klingt so, als ob sie keinerlei Widerrede zulässt. Ihre ganze Körpersprache ist ablehnend. Sie zieht sich einen ihrer Aktenordner herüber und schreibt weiter, während sie mich betont freundlich auffordert, langsam schlafen zu gehen.

»Es ist zwar noch nicht spät, aber es ist gut, wenn du jetzt ins Bett gehst. Dann bist du morgen ausgeruht in der Schule.«

Sie lächelt jetzt, streicht mir über den Arm. »Schlaf gut, meine Kleine, ich komme gleich noch mal in dein Zimmer und sage dir ›Gute Nacht‹. Jens macht mit Vati noch ein paar Matheaufgaben, aber dann kommt er auch.«

Sie schickt mich weg, tut so, als hätten wir über Belanglosigkeiten gesprochen. Was soll das bloß?

»Mutti, das ist doch nicht dein Ernst«, sage ich und merke, dass ich vor Anspannung zittere. Ich bin so maßlos enttäuscht, dass sie mich einfach abweist und wegschickt. »Mutti, bitte«, flehe ich richtiggehend.

Aber meine Mutter will das nicht hören. Sie arbeitet ungerührt weiter und signalisiert mir damit deutlich: Hör auf, mich weiter zu fragen. Ich will nicht darüber sprechen!

Ich bin verzweifelt, zeige das aber nicht, sondern nicke brav.

Es ist mehr als deutlich. Ich habe kapiert. Sie will nicht mit mir reden. Das Thema ist tabu.

Ich gehe dann nicht in mein Zimmer, ich schleiche. Mit hängenden Schultern, müde und ausgelaugt, trotte ich in die Abgeschiedenheit des Zimmers, lege mich ins Bett und starre in die Luft, tieftraurig und innerlich wie abgeschaltet.

Es ist ein Rückzug, aber kein freiwilliger. Ich hätte mir ein langes Gespräch gewünscht, mit ganz liebevoller Aufklärung. Ich hätte es wirklich gebraucht zu wissen, woher ich komme.

An diesem Abend fühle ich mich so alleingelassen wie noch nie in meinem Leben. Als ich die himmelstürzende Nachricht bekam, war ich verwirrt und hilflos. Ich fühlte mich verraten, aber nicht allein. Doch jetzt ist es anders.

Es ist niemand da, der mir hilft, mit dieser Nachricht fertigzuwerden. Nach dieser Enthüllung fühle ich mich verwirrt, wütend, hintergangen.

Ich habe Fragen und brauche Antworten. Aber man lässt

mich allein mit einem Satz, der alles auf den Kopf stellt. Mein Leben ist in seinen Grundfesten erschüttert. Man nimmt mir mein wohlig warmes Zuhause, meine Zugehörigkeit zur Familie und lässt mich damit allein. Nach dem Motto »Sieh zu, wie du zurechtkommst« gehen alle anderen wieder zu ihren Alltagsgeschäften über und lassen mich ganz auf mich allein gestellt zurück.

Auch in dieser Nacht flackern die Bilder meines Lebens wild und unsortiert in meinem Kopf auf. Ich sehe mich auf dem Schoß meiner Mutter, an der Hand meines Vaters – oder besser des Mannes, den ich bisher für meinen Vater hielt –, beim Spielen mit der Familie. Aber ich sehe mich auch allein in einem dunklen Zimmer, voller Angst vor etwas Großem, Unbekanntem.

Draußen höre ich Jens. Er spricht mit meinem Vater, der ja nur noch sein Vater ist. Mutti kommt dazu. Sie sprechen über die Schule. Sie sind eine kleine Familie.

Und was ist mit mir?

Ich gehöre nicht mehr dazu. Diese Situation zeigt es deutlich. Sie sind da draußen, zu dritt, und ich bin hier, allein im Zimmer.

Und niemand kommt herein und holt mich dazu. Niemand ist da, um mir zu zeigen, dass ich auch ein Teil der Familie bin.

Ich fühle mich wie vor einem geschlossenen Kreis, ohne Zugang. Ich fühle mich wie ein Kind, das beim Kästchenhüpfen nicht mitmachen darf, wie ein Mädchen, das neben einem frisch verliebten Paar herläuft, wie ein Kind, mit dem niemand spielen will. Es gibt diese Familie, die jetzt nur noch aus drei Personen besteht, und es gibt mich, die zusehen darf und abwarten muss, ob man sie ab und zu mitmachen lässt. Wo soll ich denn jetzt hin, wenn ich nicht mehr zu dieser Familie gehöre?

Von meinem Kopfkissen aus kann ich durch das Fenster hinaus in den Himmel sehen. Die Luft ist heute klar, der Mond strahlt wie eine goldene Sichel, und die Sterne blitzen wie große Kristalle in der Ferne. Die Welt scheint mir unendlich weit und groß, und ich fühle mich unendlich klein und allein. Ich spüre, wie mir heiße Tränen über das Gesicht laufen, und alles in mir schreit nach Hilfe.

Papa, wo bist du? Algerien? Wo liegt das? Ich habe dazu keine Bilder im Kopf.

*

»Algerien ist ein Land im Norden Afrikas mit einer langen Küste am Mittelmeer, das tief in den Kontinent hineinragt. An der Küste wachsen Orangen und Zitronen, in den Oasen der Wüste Dattelpalmen.«

Es muss traumhaft sein dort! Ich bin in meinem Zimmer und lese angespannt in einem Buch, das ich mir in der Bibliothek ausgeliehen habe. Ich muss mehr wissen über die Heimat meines Vaters, und mit klopfendem Herzen verschlinge ich jeden Satz.

Ich lerne, dass das Land lange Zeit eine französische Kolonie war und man dort Arabisch und Französisch spricht. Und mein Vater? Wie hat sich denn meine Mutter mit ihm unterhalten? Sie spricht weder Französisch noch Arabisch. Sie spricht Russisch, aber davon steht nichts in meinen Büchern. Vielleicht auf Englisch? Ich glaube, Mutti kann das ein bisschen.

Ich würde sie das gern fragen, weiß aber schon, dass es nur wieder Streitereien geben würde. Also lasse ich es und lese stattdessen weiter.

Die meisten Menschen, die dort leben, sind Muslime. Mein Vater vermutlich auch. Mutti ist überzeugte Christin. Ob es für sie ein Problem war?

Interessiert blättere ich weiter und weiter. Es ist alles so spannend und aufregend, und mit jedem Satz tauche ich tiefer ein in eine neue Welt. Ich lerne auch, dass einige Tausend Algerier bei uns in der DDR leben und als »ausländische Werktätige« bezeichnet werden. Komisch, in Weimar habe ich noch nie jemanden aus Algerien getroffen. Es gibt Leute aus Kuba und Vietnam, aber aus Nordafrika, nein, das habe ich noch nie gehört. Doch ich lese, dass die Menschen aus unseren sozialistischen Bruderstaaten bei uns ausgebildet werden. Sie arbeiten in Betrieben oder studieren und sollen dann das Gelernte mit nach Hause nehmen und beim Aufbau ihres Landes helfen.

Ich bin komplett gefesselt und stille weiter meine riesengroße Neugier. Es gibt viele Bilder in dem Buch, und ich sehe Menschen, die traditionelle Gewänder tragen, ich sehe Kamele in Sandwüsten, ich sehe eine Moschee vor dem türkisfarbenen Mittelmeerwasser. Faszinierend! Vielleicht trägt mein Vater auch so ein Gewand und besucht ebenfalls eine Moschee. Alles ist neu, fremd und irgendwie märchenhaft für mich.

Schule, Freunde, meine Familie, von der ich nicht mehr weiß, inwiefern sie die meine ist, nach außen hin läuft alles wie bisher weiter. Aber in den vielen Stunden in meinem Zimmer tauche ich ein in eine märchenhaft fremde Welt. Alles sieht so exotisch und anders aus, und ich verstehe jetzt, warum auch ich anders aussehe. Es ist natürlich nicht Opa Heinrich, von dem ich mein Aussehen habe. All das, was mir meine Familie immer darüber erzählt hat, war eine glatte Lüge. Italiener? So ein Unfug. Schwarzes Meer? Blödsinn. Man hat mir alles Mögliche aufgetischt, obwohl man die Wahrheit kannte.

Aber nun habe ich erste Bilder von Nordafrika im Kopf und fühle mich dadurch besser. Ich weiß, wo Algerien liegt und wie es dort aussieht. Ich stelle mir auch meinen Vater vor. Er ist groß und schön, hat so dunkle Locken wie ich und genauso schwarze Augen. Wenn ich morgens im Bad bin, sehe ich mich an und stelle mir dann vor, wie mein Spiegelbild verschwimmt – und mich schließlich mein Vater anblickt.

Abends, wenn ich allein im Bett liege und zu den Sternen sehe, spricht er nicht nur mit mir, sondern er hilft mir auch.

Ich frage ihn viel, zum Beispiel, wenn ich Probleme in der Schule habe, wenn ich mich über eine Freundin ärgere oder nicht weiß, wie ich mich auf den Wettbewerb im Tischtennis vorbereiten soll, der bald ansteht. Ich denke dann ganz fest an meinen Vater, und irgendwann höre ich seine Stimme. Sie ist dunkel und tief, und mein Papa, so nenne ich ihn, sagt mir dann, was ich machen soll. Er ist ein wunderbarer Vater, hört mir zu und gibt mir die besten Ratschläge der Welt.

Über meine Familie spreche ich allerdings nicht mit ihm. Sie wollen ihn nicht bei sich haben, und deshalb muss er sich auch nicht mit ihnen befassen.

Ich lebe mit zwei Familien. Meiner bisherigen und meiner neuen, die nur aus mir und meinem Vater besteht.

Papa, ich vermisse dich!

*

»Hier, probier mal den roten Schal aus. Der sieht zu dem Kleid bestimmt super aus!«

Melanie, meine Freundin aus der 7b, wirft mir eins von Muttis Tüchern zu, und ich lege mir das erdbeerrote Teil gekonnt um die Schultern, verknote es an der Brust und drehe mich damit vor dem Spiegel wie ein Model.

»Stimmt, irgendwie ist das pfiffig«, lobe ich ihren Vorschlag und bin mit meinem neuen Aussehen mehr als zufrieden.

Es ist Winter und schneit seit Stunden. Melanie und ich haben keine Lust, vor die Tür zu gehen. Stattdessen spielen wir Laufsteg, plündern mit Muttis Erlaubnis ihren Garderobenschrank und probieren aus, in welchem Kleidchen wir uns am schicksten fühlen.

Ich habe mich bestimmt schon zehnmal umgezogen, aber in der senfgelben Tunika und dem roten Tuch gefalle ich mir jetzt richtig gut.

Wie ein Profimodel stelle ich mich mit der Hand in der Hüfte vor den großen Garderobenspiegel und drehe meinen Kopf abwechselnd mal zu meiner linken und mal zu meiner rechten leicht hochgezogenen Schulter. Dazu forme ich mit meinen Lippen einen Schmollmund und finde mich mehr als perfekt.

Wir präsentieren uns abwechselnd vor dem Spiegel und geben uns gegenseitig Noten. Dabei fällt mir auf, wie unterschiedlich wir sind.

Melanie hat eine porzellanartige Haut wie Schneewittchen, und ich, ja, ich sehe ganz, ganz anders aus.

Meine Haut hat die Farbe von »Milch mit einem Schuss Kakao«, wie meine Mutter einmal gesagt hat. Heute, im Vergleich zu Melanie, sehe ich, dass es ein recht kräftiger Schuss ist.

Ich lege spielerisch meinen Arm an ihren. »Hier, sieh mal, ich sehe aus, als hätte ich zu lange in der Sonne gelegen«, albere ich herum, und Melanie stößt bei dem Vergleich ein völlig überraschtes »Ja, tatsächlich« heraus. Unsere beiden Arme nebeneinander sind wirklich so unterschiedlich wie Milch und Kakao, wie Schwarz und Weiß.

»Sieh mal, wie dunkel du bist«, ruft Melanie und zieht mein Gesicht ganz nah an ihres, und dann beobachten wir beide unser gemeinsames Spiegelbild.

Links die ganz weiße, fast schon unwirklich hell wirkende

Melanie mit ihren weizenblonden, glatten Haaren, den wasserblauen Augen und den sanft rosafarbenen Lippen – und dann rechts, als Gegensatz dazu, mein Gesicht mit der braun getönten Haut, den fast schwarzen Glutaugen, den warmroten Lippen und meinem Markenzeichen: den schwarzbraunen, üppig gelockten Haaren.

»Ich kenne niemanden, der so aussieht wie du!«, trällert Melanie unbekümmert, und in dem Moment denke ich, dass es mir genauso geht. Ich kenne auch niemanden, der so dunkel ist. Oder?

»Doch«, rufe ich schnell. »In meiner Grundschule gab es Omar.« Und dann erzähle ich schnell von ihm. Er kam mitten im Schuljahr zu uns und fiel wegen seiner schokoladenfarbenen Haut auf. Dazu hatte er kurze schwarze Kringellocken und tiefschwarze Augen. In seinem Gesicht wirkten seine Zähne schneeweiß. Seine Mutter war aus Weimar, seinen Vater kannte er nicht.

»Der kommt bestimmt aus Afrika«, hat meine Freundin Katrin damals gesagt. Einmal haben wir ihn auch gefragt, aber er hat nur mit den Schultern gezuckt und konnte nichts dazu sagen. Wir mochten Omar gern, weil er immer freundlich und lustig war. Er ist aber nur kurz bei uns geblieben und dann nach Berlin gezogen.

»Aber außer Omar kennst du niemanden, oder?«, fragt Melanie jetzt und lächelt mich neugierig an.

Ich schüttle den Kopf.

»Nein, in Weimar bin ich wohl die Einzige, die so dunkel aussieht.«

»Es ist schön, dass du etwas ganz Besonderes bist, findest du nicht?«, meint Melanie, während wir beide nach wie vor vor dem Spiegel stehen und uns gegenseitig mustern.

»Ja, irgendwie schon«, stimme ich ihr zu.

»Wieso bist du denn so dunkel? Dein Papa kommt ja nicht aus Afrika.«

»Nein, aus Weimar«, lüge ich schnell. »Aber mein Opa Heinrich hat ganz schwarze Haare und auch eine dunklere Haut. ›Er sieht aus wie ein Italiener‹, sagt meine Mutti immer. Er hat mir das vererbt.«

Ich weiß, dass das alles nicht stimmt. Aber jahrelang war dies Muttis Erklärung. Und mir fällt im Moment auch keine bessere ein.

»Italiener? Keine Ahnung, wie die aussehen. Aber ich war mit meinen Eltern am Schwarzen Meer. Da sind die Menschen auch so dunkel wie du. Vielleicht kommt dein Opa daher ...«

»Das weiß ich nicht. Er ist einfach so. Jedenfalls habe ich von ihm mein Aussehen.«

»Auch die tollen Haare? Da kannst du stolz sein. Ich hätte die auch gern. Du musst sie nicht mal föhnen. Du schüttelst sie nach dem Duschen und wartest, bis sie trocken sind. Das muss klasse sein.«

Melanie streckt jetzt ihre Hände aus und wuschelt damit kräftig meine Haare durcheinander. »Hier, sieh mal, du siehst immer noch gut aus. Egal, wie sehr ich sie zerzause. Ich beneide dich.«

»Wofür? Dass mir jeder am Kopf herumwuschelt?«, flachse ich. »Das geht mit glatten blonden Haaren auch.«

»Wag es nur ...«, fordert mich Melanie heraus und wehrt mich dann spielerisch ab.

Und dann wuscheln wir uns gegenseitig auf dem Kopf herum, lachen vergnügt und liegen schließlich erschöpft, aber fröhlich kichernd auf dem Bettvorleger.

»Na, hier ist ja eine prima Stimmung!«

Mutti ist gekommen und steht auf einmal lachend in der

Schlafzimmertür. »Was machen denn meine beiden hübschen Mädchen hier?«

»Wir haben uns verglichen, und Esther ist dunkler als alle anderen Kinder«, prustet Melanie heraus.

»Ja, das hat sie von meinem Vater.«

Mutti setzt sich zu uns auf den Boden, sieht mich an und küsst mich auf die Stirn. »Sie ist etwas ganz Besonderes. Ein kleiner dunkler Kristall.«

Ich schmiege mich an meine Mutter, spüre ihre Wärme und bin glücklich. Ich habe gerade zweimal gehört, dass ich etwas ganz Besonderes bin. Das macht mich ein kleines bisschen stolz. Ich habe mein anderes Aussehen eigentlich schon immer wahrgenommen, ihm aber nie eine tiefere Bedeutung beigemessen.

Aber heute ist mir wirklich bewusst geworden, dass ich anders bin. Anders im Sinne von »besonders«. Vielleicht muss ich mich ja gar nicht mehr über meinen Bruder ärgern. Muss nicht grübeln, wer mein Vater ist und ob Jens bevorzugt wird oder nicht, ob er mehr Süßigkeiten bekommt oder gar mehr Aufmerksamkeit. Ich muss mich nicht vergleichen.

Ich bin eben einfach so, wie ich bin.

*

»War das für dich denn ein Problem, dass Gustav nicht dein richtiger Vater ist? Ich meine, wie fühlte sich das an?«, höre ich meine Mutter fragen.

Ich schnappe den Satz durch Zufall auf, als ich gerade aus meinem Zimmer komme. Die Tür zum Wohnzimmer steht auf, und ich höre, dass sich meine Eltern ziemlich aufgeregt unterhalten. Ich möchte gar nicht lauschen, aber dann siegt die Neugier. Also schmiege ich mich eng an die Wand und passe auf, dass ich mich nicht von Jens erwischen lasse, der jederzeit auftauchen kann. Und dann höre ich gut zu, worüber sich die beiden unterhalten.

»Nein, gar kein Problem«, meint mein Vater. »Ich war eigentlich immer glücklich, dass er da war.«

»Und was haben die Leute gemunkelt?«

»Die Leute wussten es alle. Aber bei uns Kindern wurde einfach nicht darüber gesprochen.«

»Du warst doch schon fünf, als Gustav zu euch kam. Hast du ihn denn gleich akzeptiert?«

»Ja klar, mein leiblicher Vater, er hieß übrigens Ladislaus und kam aus der Tschechoslowakei, hat meine Mutter mit uns fünf Kindern sitzen gelassen und sich aus dem Staub gemacht. Wenig später hat sie Gustav kennengelernt, und er war für uns der Vater, übrigens ein richtig guter.«

Leiblicher Vater? Guter Vater? Es wird immer unübersichtlicher.

Als ich am nächsten Morgen meinen Bruder frage, ob er schon einmal gehört habe, dass Opa Gustav nicht zu uns gehört, kommt nichts Erhellendes dabei heraus. Er zuckt nur mit den Schultern und murmelt sein Typisches: »Keine Ahnung!«

Mich lässt das Thema aber nicht los, und nach ein paar Tagen traue ich mich, meine Eltern darauf anzusprechen.

Ausgerechnet beim Abendessen wage ich mich aus der Deckung und erzähle beiden offen, was ich gehört hatte.

Mutti reagiert ziemlich barsch. »Was redest du denn da? Gustav ist dein Opa, basta!«, meint sie knapp, und ich spüre, dass es besser gewesen wäre, das Thema gar nicht anzuschneiden. Sie will offenbar nichts davon wissen.

Vati wirkt dagegen nur kurz betroffen. Dann schüttelt er den Kopf. »Du, vergiss es. Opa Gustav ist dein Opa, der andere Mann spielt keine Rolle. Er ist nicht da, das zählt.«

Aber ich will es dieses Mal genauer wissen.

»Und? Macht es dich traurig?«, frage ich.

»Nein, es ist eben so. Meine Mutter war allein mit uns Kindern, und dann kam Gustav, und es war gut für uns. Ich habe noch zwei Geschwister bekommen und hatte eine tolle Jugend.«

»Hast du denn deinen richtigen Vater einmal kennengelernt?«

Vati schüttelt den Kopf.

»Nein, ich wüsste aber schon gern, wo er steckt. Er kommt aus der Tschechoslowakei, aber Genaueres weiß ich nicht, und letztlich denke ich auch nicht mehr darüber nach.«

»Wirklich nicht?«, will ich wissen.

Aber Mutti wartet eine Antwort nicht mehr ab.

»Jetzt reicht es aber mit der Vergangenheit. Lasst uns lieber an morgen und die Schule denken«, unterbricht sie unser Gespräch und schiebt mir ein Glas Saft herüber.

Ich nehme es, denke aber an nichts anderes. So einfach kann man das Thema nicht vom Tisch wischen. Doch das sage ich nicht mehr laut, sondern spiele mit.

Erst abends im Bett, da grüble ich weiter.

Ich habe jetzt einen Opa weniger. Dafür aber einen neuen, von dem allerdings niemand weiß, wo er lebt. Doch ist er dann überhaupt mein Opa, weil mein Vater ja auch nicht mein richtiger Vater ist? Fragen über Fragen, verstehen kann ich das alles nicht mehr. Es bleibt mir nichts anderes übrig, als auch das erst mal hinzunehmen.

# Kapitel 3

»Ich packe dich! Noch zwei Punkte, dann habe ich gewonnen«, rufe ich übermütig.

Jens und ich spielen im Garten Tischtennis, und ich bin auf dem besten Weg, die Partie zu gewinnen.

Neuerdings verstehen wir uns etwas besser. Ich weiß auch, woran das liegt: Wir sind umgezogen!

Mutti verdient mit ihren Taschen so gut, dass wir seit Kurzem in einer schönen Vierzimmerwohnung im Herzen von Weimar leben. Das Tollste dabei: Es gibt einen herrlich großen Garten, in dem wir nach Herzenslust toben können, und wir haben sogar ein Telefon.

Und noch etwas hat sich geändert: Vati hat vor einiger Zeit seinen Hausmeisterjob aufgegeben und ist jetzt ganz bei Mutti ins Geschäft eingestiegen.

Etwas hat sich allerdings nicht geändert. Nach wie vor spricht niemand mit mir über meinen Vater. Zu dem Thema herrscht Funkstille. Meinen Vater soll es nicht geben. Er wird konsequent verschwiegen, und ich versuche zwar, mich damit zu arrangieren, aber es gelingt mir nicht.

Ping, pong, ping, pong. Immer schneller zischt der kleine Ball über das Netz. Jens ist gut, sehr gut. Er platziert den Schläger so punktgenau, dass er auch den rasantesten Eckball erwischt und ihn mir blitzschnell auf meine Seite zurückspielt.

Ping, pong, ping, pong. Jens ist gut heute, richtig gut. Aber ich bin besser, nicht viel, aber besser reicht.

Ping, pong. Aus! Er hat meinen letzten Schmetterball nicht bekommen.

»So, letzte Chance«, rufe ich ihm zu und warte, dass er den Ball jetzt gekonnt auf die Platte dotzt. Sein Blick ist konzentriert. Er zielt und los geht's.

Ping, pong, ping, pong.

Es ist unser letzter Schlagabtausch, denn er verschlägt erneut, und damit geht die Partie mit 21 zu 19 Punkten an mich.

»Ich habe gewonnen«, rufe ich im Siegesrausch und schlage vor Freude mit der Handfläche auf die Tischtennisplatte. »Komm! Neue Partie? Mal sehen, ob ich dich noch mal schlage ...«

Aber Jens hat offenbar keine Lust auf eine Revanche. Er wirft den Schläger genervt auf den Boden, funkelt mich wütend an und zischt, kurz bevor er sich wegdreht und davonläuft: »Mir reicht's, du blöde Negerin!«

»Aber ...« Sprachlos sehe ich ihm hinterher.

Habe ich das gerade richtig verstanden? Hat mein elfjähriger Bruder fast schon hasserfüllt »du blöde Negerin« zu mir gesagt?

Was das bedeutet, ist mir klar. Er grenzt mich aus, wegen meiner anderen Herkunft, von der er schon lange weiß. Angeblich sprachen meine Eltern mit ihm, aber ich habe es ihm ein paar Wochen nach dem Knall ebenfalls anvertraut, dass wir nur Halbgeschwister sind, und ich war verwundert, weil er so gleichgültig darauf reagiert hat. Ich schob es darauf, dass er kaum Interesse an mir hat. Aber offenbar hat es in den letzten Wochen mächtig in ihm rumort. Es scheint ihm zu missfallen, dass ich einen nordafrikanischen Vater habe. Ob seine Freunde gegen mich hetzen? Weil ich dunkler bin und sie keine Nordafrikaner mögen? Ich weiß es nicht, denn zu mir hat nie jemand etwas gesagt.

In meiner Not laufe ich instinktiv zu meiner Mutter. Sie ist in der Küche und kocht für uns das Abendessen.

»Mutti, Mutti«, rufe ich aufgeregt, als ich durch die Tür stürme. »Weißt du, was Jens gerade zu mir gesagt hat?«

Meine Mutter sieht nicht mal hoch, sondern schüttet ganz gelassen das Kartoffelwasser ab.

»Nein, was denn?«, fragt sie beiläufig.

»Er hat ›blöde Negerin‹ zu mir gesagt. ›Blöde Negerin‹, Mutti, wirklich!«

Ich erwarte, dass sie wütend den Topf zur Seite stellt und aus der Küche rast, um Jens zur Rede zu stellen. Aber es kommt ganz anders. Sie zuckt einen Moment zusammen, dann stellt sie ganz ruhig den Topf zurück auf die Herdplatte und nimmt meine Hand.

»Aber Esther«, sagt sie ruhig. »Das ist doch nur so dahingesagt. Nimm das doch nicht so ernst.«

»Nicht so ernst?« Ich bin innerlich völlig aufgewühlt, weil sie gar nicht so reagiert, wie ich es mir vorgestellt habe.

»Mutti, das tut mir weh. Du weißt, warum er das sagt. Er will mich verletzen. Weil ich anders aussehe und weil ich anders bin.«

»Unsinn, du hast auch schon Sachen zu ihm gesagt, die nicht so nett sind. Das ist unter Geschwistern so.«

»Geschwister? Ich glaube nicht, dass er mich als seine Schwester sieht, mich, die ›Negerin‹.«

Und damit gebe ich auf. Es hat keinen Sinn. Meine Mutter wird »ihren Sohn« immer gegen mich in Schutz nehmen, und daran wird sich nie etwas ändern. Wir sind nicht gleich, warum sollte sie uns dann auch gleich behandeln? Es ist eigentlich nur folgerichtig.

Als ich mich an diesem Tag ins Bett lege, bin ich mal wieder zutiefst getroffen, denn mir ist erneut schmerzlich bewusst geworden, dass ich nicht mehr wirklich dazugehöre. Es gibt Mutti, Vati, Jens – und mich, ›die blöde Negerin‹.

In dieser Nacht fällt es mir wie Schuppen von den Augen. Wie ein Puzzle fügt sich alles zusammen, und langsam begreife ich, was los ist. Von Anfang an hatte ich das Gefühl, es drehe sich alles nur um Jens in der Familie. Ich bin dafür gerügt worden und habe mich sogar für meine angeblich so übertriebene Eifersucht geschämt. Aber jetzt wird mir klar, dass es nicht nur ein Gefühl war. Es ist wirklich so, und es ist sogar verständlich. Man liebt sein eigenes Kind immer mehr als ein fremdes. Mein Vater kann nicht anders. Er muss Jens mehr lieben als mich. Es ist sein Sohn, und ich bin nur eine Zugabe. Und bei meiner Mutter ist es wohl ähnlich. Jens ist das gemeinsame Kind, das heiß ersehnte Wunschkind. Ich bin zwar ihre Tochter, aber einfach nur da gewesen, ungewollt. Sie hat mich bekommen, weil es nicht anders ging. Sie hat mich in Kauf genommen. Bei meinem Vater war es dann genauso. Er wollte meine Mutter und musste mich akzeptieren. Er hat mich als Baby gewissermaßen mitgeheiratet.

Und so hat man sich auch verhalten. Es gab zwei Kinder und zwei Gefühle.

»Du musst jetzt schön leise sein, dein Bruder schläft« oder: »Der Kleine braucht ganz viel Aufmerksamkeit, das musst du verstehen.«

Seitdem Jens auf der Welt war, stand er im Mittelpunkt, und von mir, der Zugabe, hat man immer erwartet, dass ich Rücksicht nehme und mich hintanstelle. Offiziell, weil ich ja so groß und so vernünftig sei. Aber das war es nicht. Ich musste ruhig sein, weil ich nicht das richtige Kind bin, mein Vater mich nicht so lieben kann wie seinen eigenen Sohn und meiner Mutter an mir das Gemeinsame fehlt. Ich bin nur ihr Kind, das lebende Zeugnis einer Affäre, die man am liebsten ungeschehen machen möchte.

Es tut so weh. Wie soll ich mit diesem Wissen zurechtkommen?

In dieser Nacht weine ich so lange, bis ich vor Erschöpfung einschlafe. Es geht mir schlecht, sehr schlecht.

*

*»Hallo, Papa, wo bist du jetzt? Ich habe eine Eins in Mathe geschrieben, und meine Musiklehrerin hat mir gesagt, dass ich das Schlagzeug gut beherrsche. Ich bin sehr stolz. Ach so, Maike, die Mitschülerin, von der ich dir letzte Woche erzählt habe, wird umziehen. Das tut mir so leid. Wir sind richtig gut befreundet und sie wird mir fehlen.«*

Ich bin auf dem Weg nach Hause, murmle leise vor mich hin und erzähle meinem Vater, was mich gerade beschäftigt. Es ist so schön, dass er langsam alles über mich weiß, und ich genieße es, in ihm einen engen Vertrauten zu haben.

Er antwortet mir auch, zumindest in meinen Gedanken, aber ich wüsste zu gern noch mehr von ihm. Ich glaube, dass er auch verheiratet ist, so wie Mutti, und dass er weitere Kinder hat, wie Mutti auch. Ich glaube, er ist Arzt oder Schulleiter oder Facharbeiter, aber auf jeden Fall macht er eine tolle Arbeit.

»Esther, kannst du mal kurz kommen!«

Ich bin so in Gedanken versunken, dass ich gar nicht mehr gemerkt habe, dass ich längst zu Hause bin. Jetzt ruft mich mein Vater. Vater? Vati? Unrichtiger Vati? Bernd? Ich weiß gar nicht, wie ich ihn jetzt nennen soll.

Ich sage nach wie vor Vati, weil er sich ja auch nach wie vor so verhält. Ich habe eben zwei Väter.

»Komme«, rufe ich schnell, lege meinen Schulrucksack neben den Hauseingang und laufe zu ihm.

»Brauchst du Hilfe?«

Mein Vater nickt.

»Ja bitte, hier, nimm mal den Brief. Kannst du den nachher schnell zur Post bringen? Er ist sehr wichtig. Und heute Abend mache ich uns leckere Waffeln. Was hältst du davon?«

»Oh super, Vati«, rufe ich laut und freue mich wirklich auf die Waffeln. Ich liebe sie, besonders die mit den bunten Streuseln.

Vati streichelt mir zum Abschied über die Wange. Ich spüre seine vertraute weiche Hand in meinem Gesicht und genieße die Wärme und Geborgenheit.

Eigentlich hat er sich seit dem großen Knall gar nicht verändert. Er ist einfach so geblieben, wie er immer war: freundlich, lustig, kumpelhaft. Es ist nach wie vor schön mit ihm. Wir gehen zusammen campen, grillen am See oder besuchen den Leipziger Zoo. Ich mag das und bin gern mit ihm zusammen, aber mehr als über diese tollen Ausflüge hätte ich mich darüber gefreut, wenn er mich einmal auf die neue Situation angesprochen hätte. Doch er macht genau, was meine Mutter auch macht: Er spricht nicht mit mir darüber.

Alle, auch meine Großeltern und die restliche Familie, wirklich alle, tun so, als wäre nichts passiert. Aber das stimmt nicht. Man hat mir meine zweite Hälfte genommen. Ich bin nicht mehr ganz, und das ist ein unheimliches Gefühl.

Wieder und wieder horche ich in mich hinein und grüble, was ich für Eigenschaften in mir trage. Ist mein Vater ein berühmter Künstler … oder ein Krimineller … und kann ich auch dazu werden? Ist mein Vater lieb, einfühlsam … oder doch brutal, hinterhältig, missgünstig, was ich nicht glaube, und was habe ich von ihm? Schlummern ganz unbekannte Talente in mir, von denen ich noch nichts ahne? Oder gar Krankheiten, die sich vererben? Ich habe manchmal furchtbare Angst, weil ich nichts weiß. Aber das interessiert niemanden, und das nehme ich meinen Eltern übel, richtig übel. Sie dürfen sich nicht wundern, dass sie deshalb auch nichts über meine »zweite Welt« wissen. Denn mein Vater gehört zu mir. Er interessiert sich für mich und meine Ängste. Zumindest in meiner Fantasie!

*

Die Zeit vergeht, doch am Schweigen in meiner Familie ändert sich lange nichts.

Bis eines Tages das Unerwartete doch geschieht ...

Mutti liegt im Liegestuhl und entspannt sich auf dem Balkon in der Sonne. Wir haben gerade gemeinsam gegrillt und frische Salate mit Würstchen gegessen. Jetzt spielen Jens und Papa draußen zusammen Fußball, und ich nutze die Gelegenheit, allein mit ihr zu sprechen.

Ich weiß genau, was Mutti seit dem großen Knall denkt: Wenn sie meinen Vater totschweigt, werde ich ihn vergessen.

Sie ahnt nicht, dass genau das Gegenteil der Fall ist. Mein Vater und ich, in meiner Fantasie rücken wir immer enger zusammen. Er begleitet mich durch jeden Tag und weiß alles von mir. Aber egal, wie häufig ich ihn mir vorstelle: Er ist immer mein Held. Ein gütiger Mann, der mich von ganzem Herzen liebt und immer für mich da ist.

Und deshalb möchte ich ihn kennenlernen, ihn sehen, ihm gegenüberstehen, unbedingt, und das geht nun mal nur mit der Hilfe meiner Mutter. Sie muss mir helfen, ihn zu finden. Ich habe längst kapiert, dass ich dabei sehr vorsichtig und sensibel vorgehen muss. Denn bisher sind alle meine Versuche, meiner Mutter mehr Infos zu entlocken, gescheitert. Mutti hat so gut wie gar nicht auf meine Fragen reagiert und mich immer nur abgewimmelt, mit Sätzen wie: »Ich habe dir schon alles gesagt!« und: »Was willst du denn noch alles wissen. Lass das Thema doch mal ruhen.«

Dabei hat sie mich häufig richtig verärgert angesehen und mir ganz deutlich signalisiert, dass es genug ist und sie keine weiteren Fragen mehr duldet.

Ein aufmüpfiges Kind hätte sich davon bestimmt nicht stoppen lassen. Aber ich bin anders. Ich bin lieb und ziehe mich zurück. Zurück in meine Fantasiewelt.

Ich habe natürlich auch meine Großmutter, Oma Gerda, angesprochen. Bei einem der vielen Besuche habe ich mich ganz eng an sie gekuschelt und gefragt: »Warum weiß ich nichts von meinem Vater? Ich möchte ihn so gern kennenlernen!«

Meine Oma schien ganz erschüttert zu sein. Ich habe gespürt, dass sie zittert. Dann hat sie mich lieb in den Arm genommen, mich auf die Wange geküsst und gemeint: »Das musst du deine Mutter fragen. Ich sage dazu nichts …«

Ich hätte gern nachgebohrt. Aber ich liebe meine Oma, und ich mag ihr keinen Druck machen. Ich habe sehr wohl gesehen, wie unwohl sie sich gefühlt hat.

Aber jetzt nehme ich meinen ganzen Mut zusammen. Mutti soll ruhig wissen, dass ich nicht lockerlasse. Jetzt nicht und auch in Zukunft nicht. Ich bin nicht nur vaterlos, sondern auch entwurzelt. Das kann nicht so bleiben. Ich muss meinen Vater in den Arm nehmen. Es gibt keinen größeren Wunsch.

Heute, in der milden Frühlingssonne, kann es klappen und ich einen Schritt weiterkommen.

Ich ziehe mir einen der leichten Gartenstühle herüber und setze mich ganz dicht neben sie.

»Na, mein Mädchen, möchtest du mit mir reden?«, meint sie lächelnd und ahnt offenbar nicht, was ich vorhabe. Ich habe schon ein schlechtes Gewissen, weil ich weiß, dass ich ihr gleich die gute Sommerlaune verderben werde.

»Mutti, ich möchte mehr über meinen Vater wissen. Das ist mir wichtig«, sage ich unverblümt, und ihre Reaktion auf meine Bitte überrascht mich total. Meine Mutter sieht mich nur ganz kurz überrascht an. Dann entspannen sich ihre Gesichtszüge wieder, und sie steht auf, greift nach ihrem Wickelkleidchen und winkt mich mit einem Lächeln ins Wohnzimmer.

»Komm her, Esther, ich habe etwas für dich!«

Mein Herz hüpft vor Freude, und überglücklich folge ich ihr zu ihrer kleinen Büroecke. Aus ihrem Schränkchen holt sie eine Kiste, öffnet sie und fischt ein kleines schwarz-weißes Passfoto heraus, das sie mir lächelnd in die Hand drückt.

»Das ist dein Vater«, sagt sie mit fester Stimme, und einen Moment lang höre ich sogar so etwas wie Stolz aus diesem Satz. Ich sehe auf das Bild. Es zeigt einen wunderschönen jungen Mann mit dunklen Locken und glutvollen Augen. Er hat sanfte Lippen und lächelt in die Kamera.

»Er war Student, und ich habe ihn in Prag kennengelernt«, erzählt sie und scheint richtig in Plauderlaune zu sein.

»Wieso in Prag?«

»Er hat dort studiert, ein Jahr lang.«

»Was denn?«

»Physik!«

»Was hast du denn in Prag gemacht?«

»Ich war dort mit einer Freundin. Es war nur ein Wochenende, ein besonders schönes. Wir wollten diese faszinierende Stadt einmal erleben. Es war ein herrliches Sommerwochenende, und ja, da habe ich ihn kennengelernt …«

»Es gab nur dieses eine Mal?«

»Ja, dieses eine Mal, das war's!«

Mir fällt auf, dass ihre Stimme plötzlich ein bisschen vibriert. Sie muss traurig sein.

Ich gehe mit dem Bild ans Fenster, um es ganz genau zu studieren: Das Gesicht sieht so warmherzig aus, so gütig und liebevoll, aber auch klug und pfiffig. Die Sonnenstrahlen umspielen die feinen Nuancen, und es ist einfach ein magischer Moment für mich. Zum ersten Mal in meinem Leben sehe ich meinen Vater, und er ist ein ganz wunderbarer Mann!

Bei mir kullern die Tränen. Denn endlich habe ich ein Gesicht vor Augen.

»Papa, ich weiß jetzt, wie du aussiehst. Das ist so unendlich schön«, murmle ich leise und drücke das Foto an mein Herz.

Dann drehe ich es um und lese: »Dein Zuzu!«

»Was heißt Zuzu?«, frage ich ganz gerührt.

»Das ist sein Spitzname.«

Meine Mutter hat sich an ihren Schreibtisch gesetzt und sieht mir zu. Sie gibt mir Zeit, dafür liebe ich sie heute ganz besonders.

Ich bin so dankbar, doch in den Glücksrausch mischt sich auch sofort ein bisschen Wut. Warum hat sie mich so lange warten lassen? Warum hat sie mir dieses Foto nicht sofort gegeben? Am liebsten möchte ich jetzt einfach auf mein Zimmer gehen und allein sein. Den Moment genießen.

Aber meine Mutter hat noch eine riesengroße Überraschung für mich. Sie öffnet noch einmal das Kästchen und holt einen weißen Zettel heraus, auf den etwas mit Bleistift gekritzelt ist.

»Hier, das ist sein Name. Jetzt hast du alles«, sagt sie leise und sieht mich dabei sehr liebevoll an. Sie will offenbar, dass ich Antworten bekomme. Sie ist auf meiner Seite.

Mir laufen die Tränen jetzt wie ein Sturzbach über die Wangen, als ich den Namen lese: Zoheir Deneche.

»Wie spricht man das aus?«, frage ich, und Mutti spricht mir mehrfach den Namen vor, ganz deutlich, damit ich die Aussprache behalte.

Mutti und ich, ich kann mich nicht erinnern, dass ich mich ihr in letzter Zeit einmal so nah gefühlt habe.

Ich bin jetzt fünfzehn Jahre alt und sehe die Dinge nicht mehr wie ein Kind. Wie auch? Sie war nur drei Jahre älter, als sie diesen Mann kennengelernt hat. Ich kann mich in sie hineinversetzen, und das verursacht diese Nähe, die auch sie jetzt spürt.

»Hast du ihn geliebt?«, frage ich leise.

»Es ist lange her!«, weicht sie meiner Frage aus.

»Aber du weißt doch, ob es Liebe war?!«

»Dafür war es zu kurz.«

»Aber Mutti, das vergisst man doch nicht.«

Wir stehen uns gegenüber, und ich sehe, wie sehr meine Mutter sich sträubt, mir mehr zu verraten. Aber sie scheint meinen drängenden Blick zu sehen, denn sie plaudert dann tatsächlich noch ein bisschen.

»Wir waren sehr jung, haben schnell Anschluss gefunden in Prag. Zoheir war auch dabei, und irgendwann hat es gefunkt, und so ist es passiert …«

Mutti spricht jetzt mit mir wie mit einer Freundin. Sie nimmt mich ernst, und das tut mir gut.

»Und weiß er, dass es mich gibt?«

»Natürlich, ich habe es ihm geschrieben. Aber er wollte nichts von dir wissen.«

Ein Satz wie ein Schlag in die Magengrube, der mich sofort aus meinen Träumen reißt.

»Er wollte nichts von mir wissen?«, wiederhole ich leise und starre meine Mutter geschockt an.

Sie spürt offenbar, dass mich dieser Satz direkt ins Herz getroffen hat und sieht mich sofort mitfühlend an. Was ist das denn für ein Mann, der nichts von seiner Tochter hören will? Ich bin traurig und tief verletzt.

Meine Mutter will mein sichtbares Leid lindern. »Das hat nichts mit dir zu tun, Esther!«, versichert sie mir. »Es ging ihm darum, dass er überhaupt kein Kind wollte.«

Ich bin angespannt und nervös. Ich habe so viele Male nach meinem Vater gefragt und mir immer bei meiner Mutter eine blutige Nase geholt. Und heute, ausgerechnet heute, als sie offen für mich ist, muss ich hören, dass mich dieser Mann, den ich liebe, ohne ihn zu kennen, gar nicht haben wollte. Das tut so weh.

Das Gefühl, vom eigenen Vater nicht gewollt zu sein, macht mich so klein und unsicher. Wenn es mich nicht gäbe, wären alle besser dran, denke ich.

Aber ich muss wenigstens wissen, warum er mich, sein eigenes Kind, abgelehnt hat. Das ist doch gegen die Natur. Was stimmt denn nicht mit ihm? Oder stimmt etwas nicht mit mir?

Meine Mutter scheint Gedanken lesen zu können. Sie nimmt mich in den Arm, schiebt mich auf das Sofa.

»Komm mal her, meine Große«, sagt sie und drückt mich sanft in die Polster, setzt sich zu mir und legt mir die Hand um die Schulter.

»Also gut, wenn es für dich so wichtig ist, dann sage ich dir jetzt die ganze Wahrheit«, beginnt sie zu erzählen, und ich höre deutlich heraus, wie schwer ihr das fällt.

»Ich hatte ja eine Adresse von deinem Vater und habe ihm dorthin zwei Briefe geschickt. Einen mit der Nachricht von der Schwangerschaft und einen mit der von deiner Geburt, übrigens mit einem Babyfoto von dir.«

Ich schließe die Augen, so aufgeregt bin ich. Um meine Mutter bloß nicht zu stören, sitze ich fast starr neben ihr und höre mucksmäuschenstill zu.

»Ja, aber statt einer Nachricht von Zoheir kam ein Brief von seiner Schwester.«

»Von seiner Schwester?«, rutscht es mir jetzt aber doch überrascht heraus. »Das heißt ja, deine Briefe sind angekommen.«

»Ja genau, das heißt es.«

Sie schluckt, so als müsse sie mir jetzt etwas wirklich Dramatisches offenbaren.

»Die Antwort, die von Zoheirs Schwester kam, war allerdings nicht so erfreulich.«

»Hat sie auf Deutsch geantwortet?«

»Nein, auf Französisch. Und offen gesagt …«, sie schluckt erneut. »Offen gesagt, hat sie mich massiv unter Druck gesetzt und mir sogar gedroht. Jedenfalls sollte ich ihren Bruder auf keinen Fall mehr belästigen und aufhören, seine Zukunft zu zerstören. Er sei glücklich verheiratet und wolle mit mir und dem Baby nichts zu tun haben und überhaupt nicht mit mir in Verbindung gebracht werden. Das war's …«

Ich bin nun richtig geschockt, und meine Mutter sieht mir an, wie sehr mir ihre Sätze zusetzen. Ein Vater, der seiner Geliebten, der Mutter seines Kindes, einen Drohbrief schreiben lässt. Nein, das ist furchtbar.

»Verstehst du mich jetzt, dass ich die ganze Geschichte lieber für mich behalten habe?«, fragt Mutti nun.

Ich nicke.

Natürlich verstehe ich, dass sie die ganze Geschichte nicht an die große Glocke hängen wollte. Zumal sie ein junges Mädchen war. Ich kann mir das doch vorstellen. Sie verliebt sich, lässt sich auf eine Affäre ein, wird schwanger und steht dann ganz allein da. Vermutlich wusste sie nicht, dass er verheiratet war. Sie muss sehr darunter gelitten haben, unter den geplatzten Träumen von der großen Liebe, den verletzten Gefühlen und der Gewissheit, eiskalt abgelehnt zu werden.

»Ich liebe dich!« Bestimmt hat sie seine Liebesschwüre immer im Kopf und im Herzen gehabt und wurde auf ganz bittere Art und Weise daran erinnert, dass sie nicht wahr sein konnten. Was ist in dieser Zeit wohl in ihrem Kopf noch herumgespukt? Die großen Fragen, die sich alle Verliebten stellen, wenn Beziehungen zerbrechen? Hat er mich jemals geliebt? War ich nur ein Spiel für ihn? Waren alle schönen Sätze nichts weiter als eine große Gaukelei?

Sie war achtzehn Jahre alt damals und bestimmt noch nicht oft verliebt gewesen. Vermutlich war es ihre erste sexuelle Beziehung und vermutlich hat sie wirklich an ein »Für-immer« gedacht.

Zu Hause hat sie sich dann unwohl gefühlt, sich vermutlich zuerst überraschend übergeben und schnell geahnt, was mit ihr los ist. Mit zittrigen Knien ist sie zu einem Frauenarzt gegangen, ängstlich, nicht wissend, wie ihr Leben weitergehen würde. Und dann die Nachricht: »Sie sind schwanger!« Ein Schock. Aber dann die Hoffnung und der Ruf des Herzens: Gemeinsam schaffen wir das! Sie schreibt den Brief, bringt ihn hoffnungsvoll zum Briefkasten und – hört nichts!

Tag für Tag wartet sie auf den Briefträger, der ihr eine erlösende Nachricht übergeben wird, während immer sichtbarer wird, dass sie ein Kind bekommt. Sie wartet, wartet, wartet.

Vergebens!

Er ist verunglückt!? Die Adresse stimmt nicht mehr!? Der Brief ist verloren gegangen! Alles Erklärungen, nach denen unglücklich Verliebte greifen, wenn sie nichts von ihrem Traumpartner hören. Erklärungen, die die Tränen wegwischen sollen. Sie denkt an die Zeit in Prag, an heiße Küsse und große Worte.

Irgendwann holt der Alltag die Träume ein. Da ist ein Baby, das sie fordert. Da ist eine Zukunft, für die sie sich rüsten muss.

Und dann bringt sie das Baby allein zur Welt, ohne den Vater, der das alles offensichtlich ungeschehen machen möchte. Sie schickt wieder einen Brief, in der Hoffnung, dass der Mann, den sie so liebt, doch ein Herz für sie und das Baby hat. Und nichts passiert! Keine Liebe, nein, nicht einmal ein bisschen Zuwendung.

Viel später als erwartet bekommt sie dann doch noch eine Antwort aus Algerien.

Und die wischt dann endgültig die Träume weg.

Das ist furchtbar brutal!

Wie schlimm muss der Schrecken gewesen sein, als sie in Kurzfassung las: »Finger weg von dem Mann, den du einmal so geliebt hast und von dem du ein Kind hast. Wir wollen weder dich noch das Baby. Verschwinde!!«

»Hast du den Brief noch? Kann ich ihn mal lesen?«, frage ich und ahne sofort, dass es die falsche Frage zur falschen Zeit war.

Mutti schüttelt auch sofort den Kopf.

»Und die Adresse? Hast du die noch?«

»Auch nicht mehr!«

Sie tut mir unendlich leid.

Ich sehe sie jetzt an, wie sie neben mir sitzt und mich anlächelt. Arme Mutti!

Aber etwas später weicht das Mitgefühl für meine Mutter dann dem für mich. Ich fühle mich jetzt nicht mehr nur in sie ein, sondern konzentriere mich auf mich selbst. Ich höre auf mein Herz, das leidet, wenn auch ganz anders als das meiner Mutter.

Denn obwohl es für sie sicherlich schmerzhafte Vergangenheit ist, muss sie auch berücksichtigen, was es für mich bedeutet.

Ich kann jetzt nicht lockerlassen, sondern muss die gerade vorhandene Offenheit nutzen.

Aber ich bin bereits zu spät dran, denn während ich noch im Kopf damit beschäftigt bin, meine Fragen nach den für mich wichtigen Details zu formulieren, zieht meine Mutter schon die inneren Gitter hoch.

»Ich stelle es mir schlimm vor, dass er nichts mehr von uns wissen wollte. Aber erzähle doch mal von meinem Vater. Ich möchte so gern mehr über ihn erfahren. Was machte er gern? Was liebte er? Erzähl doch mal …«

Ich strahle sie hoffnungsvoll an, doch erreiche damit nichts mehr. Mutti hat dichtgemacht!

»Es gibt nichts weiter zu erzählen«, wimmelt sie mich ab und wechselt so abrupt das Thema, dass ich keine Chance mehr für mich sehe.

»Komm, Vati wartet draußen. Lass uns mal sehen, ob es noch etwas Leckeres gibt heute Abend …«

Ich bin traurig. Ich war so kurz davor, Klarheit zu bekommen. Mutti war richtig in Plauderlaune, und es sah so aus, als ob sie jetzt alles auf den Tisch legt, was sie erlebt hat. Aber etwas in ihr hat ganz diszipliniert den Schalter umgelegt.

Ich weiß nicht, was damals passiert ist. Es kommt mir fast so vor, als ob sie gezwungen wäre zu schweigen. Gibt es vielleicht ganz andere Gründe, die ihr verbieten, darüber mit mir zu sprechen?

Ich sehe die Puzzleteile vor mir und kann sie nicht zusammensetzen. Es fehlt etwas Entscheidendes.

Das Einzige, was ich wissen möchte, sind Details über diesen Mann. Gut, ich bin schon einen riesengroßen Schritt weiter, habe seinen Namen, ein Bild. Immerhin. Aber was mir fehlt, das sind Geschichten von ihm. Ich möchte ihn mir besser vorstellen können, viel von damals wissen: Was aß er gern? Wie wohnte er? Worüber lachte er, und was machte ihn traurig? Ich möchte eine Vorstellung von ihm haben, ihn einschätzen können. Denn wenn ich das kann, fällt es mir auch leichter, mich selbst einschätzen zu können.

Ein paar Anekdoten aus dem Munde meiner Mutter würden mir die Zukunft leichter machen. Aber dazu kommt es nicht mehr …

»Komm, wir gehen in den Garten. Lass uns gemeinsam Tischtennis spielen«, meint Mutti jetzt.

Ich nicke und lächle, bin aber sehr enttäuscht. Es ist vorbei.

»Ich komme gleich nach«, rufe ich und gehe schnell in mein Zimmer, um das Bild und den kleinen Zettel an einen sicheren Platz zu bringen. Ich lege beides in eine Schublade, damit es nicht verloren geht. Denn dieses Bild ist alles, was ich von meinem Vater habe.

Später, nach dem Essen – ich liege in meinem Zimmer im Bett –, halte ich das Bild wieder an mein Herz und sehe in den Himmel, und jemand ist an meiner Seite: Zoheir Deneche.

*»Hallo, Papa, ich habe immer schon geahnt, dass du ein schöner Mann bist. Jetzt weiß ich es. Ich habe nämlich dein Bild und bin froh, dass ich jetzt weiß, wie du aussiehst, und ich wünschte mir, du hättest auch ein Foto von mir. Weil das nicht geht, beschreibe ich dir, wie ich aussehe. Eigentlich so wie du. Ich habe auch so dunkle Augen, eine so getönte Haut und ein ganz ähnliches Lächeln. Ich lebe hier in der Deutschen Demokratischen Republik, so viele Kilometer von dir entfernt. Und doch sind wir einander ganz nah. Weil wir Vater und Tochter sind: Wir beide gehören zusammen, für immer …«*

Ich glaube nicht, dass sich mein Vater nicht für mich interessiert hat. Es gibt andere Gründe, warum nicht er, sondern seine

Schwester geschrieben hat. Er kommt von einem anderen Kontinent, hat andere Vorstellungen vom Leben als wir und weiß auch, dass wir in einem sozialistischen Land mit anderen Spielregeln zurechtkommen müssen. Vielleicht hat er Angst, dass ihn die Stasi beobachtet, wenn er nach Deutschland kommt. Vielleicht fürchtet er, dass er nicht mehr nach Hause darf. Es kann auch sein, dass er eine andere politische Meinung vertritt und Furcht hat vor Repressalien. Vermutlich will er Mutti und mich einfach nur schützen. Ich weiß, dass jeder Vater im Grunde seines Herzens sein Kind liebt. Und das tut auch meiner im fernen Algerien oder sonst irgendwo auf der Welt. Ich weiß es, weil ich es spüre.

# Kapitel 4

»*Freiheit, Freiheit …*«, singen die Menschen wie in einem großen Chor. »*Freiheit, Freiheit ist das Einzige, was zählt, ist das Einzige, was zählt.*«

Sie liegen sich in den Armen, Junge und Alte, tanzen, lachen und weinen durcheinander. Da, jetzt, einige klettern auf die Mauer. Sie reißen die Arme hoch, rufen: »Wir sind das Volk. Wir sind das Volk!«

Ich bin mit meinen Eltern im Wohnzimmer, und wir stehen vor dem Fernseher und starren auf die für uns unfassbaren Bilder.

»Ich habe mein halbes Leben lang davon geträumt, einmal durch das Brandenburger Tor zu gehen«, schluchzt eine Frau vor der Kamera und wischt sich die Tränen aus den Augen, während um sie herum ein einziges Weinen, Schniefen, Küssen und Umarmen ist.

Es ist der 9. November 1989, und die Welt ist aus dem Häuschen, und ich bin mittendrin.

Ich bin zutiefst ergriffen. Ich habe natürlich mitbekommen, dass es in der DDR Repressalien gab für all die, die sich nicht an die Spielregeln der Führung hielten, und es besser war, »unter dem Radar« zu fliegen. Es gab Überwachung, Unfreiheit und eben nicht die Möglichkeit, die Welt zu erobern.

Seit einiger Zeit hatte sich die Stimmung allerdings gewandelt. Die Leute fühlten sich mutiger, gingen auf die Straße, und auch wir Schüler haben in den letzten Wochen regelmäßig bei den Montagsdemos mitgemacht.

Aber damit ist es jetzt wohl vorbei. Ich sehe das Meer von Fahnen, sehe lachende und sich in den Armen liegende Menschen, sehe Grenzpolizisten, die einfach zur Seite treten und die DDR-Autos passieren lassen, die Richtung Westen fahren wollen.

»Hier passiert ein Wunder«, ruft meine Mutter, und mein Vater hält sich fassungslos die Hand vor den Mund. Jens bekommt vor lauter Aufregung keinen Satz mehr heraus und knabbert nervös an seinen Knusperflocken.

Während meine Eltern diskutieren, wie ihr Leben jetzt weitergehen werde, denke ich nur daran, dass ich bald all die leckeren Süßigkeiten kaufen kann, die wir bislang immer nur in den Intershops gegen Forumschecks erhielten. Allein bei der Vorstellung läuft mir das Wasser im Mund zusammen. Ich liebe Nutella und Duplo, Hanuta-Häppchen und Kinderschokolade, alles aus dem Westen, und meine Liebe geht sogar so weit, dass ich das leere Papier aufhebe, glatt streiche und in einem kleinen Hefter sammle.

Aber das ist jetzt vorbei!

Jetzt bekommen wir alle Westwaren, juble ich innerlich, während ich unruhig hin- und herlaufe.

»Wir sind das Volk«, schallt es aus dem Fernseher, und ich nehme den Ruf wie eine wunderschöne Melodie wahr. Ich freue mich auf die Zeit, die vor uns liegt. Nie mehr werde ich die blöden, viel zu trockenen Kuba-Orangen essen müssen, sondern richtig saftige Orangen aus Spanien genießen können. Es wird Bananen geben, so viele ich will. Nicht mehr abgezählt und rationiert, und vor allen Dingen bekomme ich sie, ohne lange anzustehen. Ich denke auch an Fischstäbchen und Pommes, an Schokopudding mit Sahnehaube, an all die Sachen, die wir uns immer im Westfernsehen angesehen haben und auf die ich mich richtig freue.

Meine Eltern starren weiter überwältigt und ungläubig zugleich die Bilder im Fernsehen an.

Immer wieder klingelt das Telefon. Freunde rufen an, stoßen Freudenschreie aus, weinen, lachen. Oma Gerda ist auch in der Leitung. Sie bekommt kaum einen Satz heraus, so sehr ist sie überwältigt von ihren Gefühlen.

Es klingelt an der Tür. Freunde stehen plötzlich da und fragen ungläubig nach, was jetzt wohl passieren werde. Sie weinen vor Ergriffenheit.

»Ich habe erlebt, wie die Mauer gebaut wurde. Jetzt erlebe ich, dass sie verschwindet. Es ist ein unfassbares Glück«, jubelt Dieter, der einmal mit meinem Vater gearbeitet hat. »Ich fahre als Erstes nach Italien. Ich möchte einmal Rom sehen, das ist mein Traum«, sagt seine Frau Sybille mit zittriger Stimme.

Wir diskutieren wild durcheinander. Man plant bereits, bangt – und hofft aber auch, dass das, was da im Fernsehen gerade läuft, doch nicht nur ein Traum ist, der gleich wieder zerplatzt, sondern dass wir wirklich bald frei sind, für immer.

*»Freiheit, Freiheit, ist das Einzige, was zählt …«*

Ich summe leise mit und male mir aus, was ich demnächst alles einkaufen kann. Ich denke natürlich an Kleidung, an echte stonewashed Jeans und Turnschuhe von Adidas. Es wird paradiesisch! Ich kann Schminke von L'Oréal bekommen und Lippenstifte in diesen vielen herrlichen Rottönen, die es bei uns in der DDR nie gab. Wir müssen nicht mehr länger neidisch über die innerdeutsche Grenze schielen, sondern können genauso aussehen wie der »Klassenfeind«. Wunderbar!!

Erst später, als ich von der ganzen Aufregung erschöpft im Bett liege, denke ich an etwas ganz anderes als an den ach so verlockenden Konsum. Ich denke an die Reisefreiheit.

Die Mauer ist weg. Das heißt auch, wir können nicht nur in den Westen, um einzukaufen, wir können auch unsere Verwandten besuchen und müssen uns nicht mehr heimlich mit Vatis

Bruder, Onkel Frank, und seiner Familie in der Tschechoslowakei treffen. Wir können die Welt sehen, auf Konzerte gehen, alles machen.

Ab jetzt kann ich überallhin – auch nach Algerien und dort nach meinem Vater suchen. Und wenn ich ihn in seinem Heimatland nicht finde, kann ich auf der ganzen Welt nach ihm suchen. Mit der gefallenen Mauer bin ich grenzenlos frei und kann in jedem Land der Erde jeden Stein umdrehen, bis ich meinen Vater aufgespürt habe.

»In der DDR erfährt man nicht, was man nicht erfahren soll«, hat mir einmal eine Nachbarin gesagt. Mag sein. Aber künftig werden wir anders leben, und ich kann Nachforschungen anstellen. Denn dass ich meinen Mund halte und nicht darüber spreche, heißt nicht, dass ich aufgehört habe, an meinen Vater zu denken und mich nach ihm zu sehnen.

*

Die Zeit, die kommt, wird turbulenter als erwartet. Denn die Wende stellt bei uns alles auf den Kopf, aber leider nicht nur so, wie wir es erhofft haben. Gut, wir fahren in den Westen und finden dort diese riesengroße Auswahl an Waren. Und so wie ich zu den Süßigkeiten und den trendigen Kleidungsstücken greife, kaufen meine Landsleute witzige Taschen in den Westläden.

Das hat unmittelbar Folgen für meine Familie: Muttis Entwürfe sind nicht mehr gefragt. Die Kunden bleiben aus. Innerhalb weniger Monate verlieren wir unsere berufliche Existenz. Das ist die bittere Seite der Wende, die wir im ersten Rausch der Freiheit nicht erwartet haben.

Aber meine Mutter ist auch jetzt wieder pfiffig. Gleich nach der Wende liegt Weimar im Trend. Es kommen viele Westtouristen, doch neben dem berühmten Hotel Elephant gibt es kaum Übernachtungsmöglichkeiten, und niemand ist auf einen Massenansturm eingestellt. Also vermietet Mutti ein Zimmer bei uns, wir bekommen etwas Geld und lernen ganz wunderbare Menschen kennen. Wir führen fantastische Gespräche mit einem Professorenehepaar aus Bayern und haben viel Spaß mit einer Gruppe lustiger Studenten. Unser Alltag ist plötzlich bunt wie nie.

Meine Vatersuche gerät in diesen lebhaften Zeiten ein bisschen in den Hintergrund. Ich vergesse das Thema nicht, aber es wird überlagert von einer politischen Sensation, die uns fordert wie nichts zuvor. Es passiert einfach so viel Ungeheures, Spannendes, Epochales, ja, wir erleben ganz große Geschichte, und das macht etwas mit uns.

Wir sind alle ein bisschen orientierungslos und brauchen unsere ganze Energie, um uns in unserem neuen Leben zurechtzufinden.

Meine Mutter schult um. Sie wird Verwaltungsfachangestellte. Mein Vater kommt in einem Getränkevertrieb von Coca-Cola unter, ausgerechnet dem Sinnbild des früheren Klassenfeindes. Unfassbar, was bei uns jetzt alles passiert.

Ich finde mich recht gut im Ost-West-Dschungel zurecht, mache vier Jahre nach der Wende mein Abitur und beginne ein Jurastudium im nahe gelegenen Jena. Für mich ein Riesenumbruch. Denn jetzt umweht mich der Hauch des Erwachsenseins, ein neues Gefühl.

Zusätzlich mache ich in dieser neuen Umgebung auch neue Erfahrungen dank meiner anderen »Optik«. In Weimar hat mich nie jemand direkt darauf angesprochen. Vermutlich, weil man mich kannte. In Jena ist es anders. Die DDR gibt es zwar nicht mehr, aber Exoten sind nach wie vor eine Seltenheit, und ich falle durch mein fremdländisches Aussehen auf. Plötzlich knallen mir ständig Fragen um die Ohren. »Wo kommst du eigentlich her?« oder: »Bist du aus dem Ausland?« Aber es sind keine abfälligen Fragen, sondern neugierige oder gar bewundernde. Wenn ich den Leuten antworte, dass ich halb deutsch, halb algerisch bin, sind sie aus dem Häuschen und wollen mehr wissen, aber leider weiß ich nichts.

Ich mache auch keinen Hehl daraus und sage offen, dass ich meine algerische Seite nicht kenne.

Und noch etwas fällt mir als junge Frau in meinem neuen Umfeld auf: Ich komme dank meines exotischen Äußeren gut bei den Männern an. Die neue, ganz andere Aufmerksamkeit tut meinem angeschlagenen Selbstbewusstsein gut, und so lache, lerne und liebe ich mich in einen neuen Lebensabschnitt und bin zunehmend atemlos.

Denn wir leben in ungeheurem Tempo, sind immer in Bewegung, ohne genau zu wissen, wohin wir konkret wollen. Wir reisen zu unserer Familie nach Dortmund oder Gießen, so selbstverständlich wie früher in den Harz oder die Sächsische Schweiz. Wir sind gewohnt, mit dem Strom zu schwimmen, wollen aber gleichzeitig Freiheit und Orientierung und landen irgendwo und nirgends.

Bei meinen Eltern verändert sich in dieser Zeit ebenfalls viel. Sie kaufen fünf Jahre nach der Wende ein großes Haus in einem ländlichen Vorort. Das ist die gute Nachricht. Die schlechte ist, dass es meinem Vater nicht gut geht: Aufgrund einer »hochgradigen« Diabetes wird er in die Frührente geschickt.

In diesem Durcheinander gebe ich das Jurastudium auf und wechsle zu einer Bank. Warum ich das tue, kann ich nicht erklären. Ich hatte meine Scheine fristgerecht in der Tasche. Aber ich war nicht glücklich und glaube rückblickend, dass ich nur Jura studiert habe, damit meine Eltern stolz auf mich sind.

Natürlich war mein leiblicher Vater auch ein bisschen daran beteiligt, denn gerade in diesen unsicheren Zeiten fühle ich mich ihm noch näher. Ich erzähle ihm in meinen Fantasien noch häufiger als früher aus meinem Leben. Er weiß ja schon, was mich zu Zeiten des Abiturs bedrückt hat, wie meine ersten Juraklausuren gelaufen sind und auch, dass ich mich an der Uni nicht wirklich aufgehoben gefühlt habe.

Und immer habe ich seine Antworten gehört und auch sehr ernst genommen. Er ist und bleibt mein Lebens-Guide. Er hat mir geholfen, erwachsen zu werden, und jetzt hilft er mir bei dem nächsten Schritt, gut durchs Leben zu kommen.

»Höre auf deine innere Stimme. Sie wird dir sagen, was du tun sollst«, sagt er oft, und ich weiß, dass er recht hat. Denn er ist ein kluger Mann, und er ist mein Vater und will deshalb nur das Beste für mich.

Meine innere Stimme bestätigt mich in meinem Tun. Mein Wechsel in eine Ausbildung ist ein Stückchen Befreiung, auch von dem – vermutlich nur eingebildeten – Druck durch meine Familie. In mir steckt der Stachel, nicht gewollt zu sein, und ich versuche das auszugleichen, indem ich »Everybody's Darling« bin. Ich möchte es meinen Eltern und der ganzen Welt recht machen, perfekt und fehlerfrei scheinen, um doch irgendwie liebenswert zu sein. Ich frage selten, was *ich* will, sondern eher, was alle anderen wollen …

Aber der Alltag in einer anderen Stadt, das neue Leben mit Studenten, Kneipen und wenig Kontrolle haben mich selbstbewusster und freier gemacht. Ich traue mir etwas mehr zu, auch nach meinen Bedürfnissen zu fragen, allein zu entscheiden, was und wie ich arbeiten will, und ich ziehe durch, was ich für richtig halte.

Genau so, wie es mir mein Vater immer rät. Er bestätigt

mich. »Du weißt am besten, was gut für dich ist.« Stimmt: Ich weiß, was ich will! Auch dank ihm.

So bleibe ich nach der Ausbildung dann auch nicht in der Bank, sondern wechsle in das gerade erst eröffnete Büro einer Düsseldorfer Unternehmensberatung nach Erfurt.

Der Job ist klasse. Wir leisten Aufbauarbeit, und ich blühe wirklich auf, auch weil ich nach links und rechts schaue, neugierig bin und es genieße zu lernen.

Das bis dahin nach wie vor sehr enge Miteinander mit meinen Eltern lockert sich. Obwohl ich immer noch bei ihnen lebe, gehe ich unbekümmerter eigene Wege und arbeite zielgerichtet an meiner Karriere.

*

In dieser Zeit des Aufbruchs erreicht mich dann die Hiobsbotschaft meines Unternehmens: Die Niederlassung in Erfurt schließt! Aber man macht mir ein verlockendes Angebot: Ich kann im Büro in Düsseldorf arbeiten und Teil des Teams der Grafikabteilung werden.

Was nun?

»Was willst du im Westen? Da wartet niemand auf dich«, warnt mich Mutti, und Vati meint: »Du hast hier bei uns alles, was du brauchst. Gib das nicht leichtsinnig auf!«

Meine Eltern wollen mich in Weimar halten und sagen das auch offen.

Ich bin gespalten.

Mich reizt der Westen, das Neue, der Umzug, alles. Aber ich hänge auch an meiner Familie, an Weimar, an dem Vertrauten. Wie soll ich mich bloß entscheiden? Ich bin so ratlos, und wie so oft in unsicheren Zeiten, wenn Veränderungen auf mich niederprasseln, tauchen in meinem Kopf noch häufiger als sonst Bilder von meinem Vater auf.

*»Bist du's, Esther?«*

*Ich bin gerade auf dem Weg zum Einkaufen, als da dieser Mann vor mir steht und mich anspricht. Er trägt einen camelfarbenen Wintermantel, kombiniert mit einem gemusterten Schal, und sieht aus wie ein seriöser Geschäftsmann aus einem Hollywoodfilm.*

*»Ja!«, antworte ich irritiert und stelle sogleich eine Gegenfrage. »Wer sind Sie?«*

*»Erkennst du mich nicht?«, fragt er und nimmt seine Sonnenbrille ab.*

*Ich sehe in freundlich blitzende schwarzbraune Augen.*

*»Ich bin es, dein Vater!«, meint er mit sanfter Stimme. »Ich weiß, ich habe viel zu lange nichts von mir hören lassen und dich nie besucht. Das tut mir sehr leid. Aber glaube mir: Es ging nicht anders.«*

*»Es ging nicht anders?«, erwidere ich und verleihe meiner Frage einen spöttischen Unterton. »Das ist aber schön formuliert. Ich bin jetzt fünfundzwanzig Jahre alt. Du hast ein Vierteljahrhundert nichts von dir hören lassen. Findest du das nicht ein bisschen lang?«*

*Der Mann legt vertraulich seinen Arm um meine Schulter.*

*»Oh ja, das finde ich schon. Aber lass uns nicht darüber streiten. Wichtig ist, was vor dir liegt. Ich möchte dir als dein Vater einen Rat geben …«*

*»Wie mein Leben weitergehen soll?«*

*»Ja. Ich habe gespürt, dass dich etwas belastet. Deshalb bin ich hier.«*

*Er hakt mich unter, und wir gehen gemeinsam durch den nahegelegenen Park. Ich erzähle ihm ausführlich, was mich gerade bewegt, und verrate ihm, wie wichtig mir meine Eltern seien und wie gern ich in Weimar leben würde. Ich sage ihm jedoch auch, dass ich andererseits spüre, einmal einen anderen Weg gehen zu müssen.*

*»Ein arabisches Sprichwort sagt: ›Alle Menschen sind klug, die einen vorher, die anderen nachher – nur wenn es darauf ankommt, ist jeder dumm.‹«*

*Mein Vater lächelt. »Weißt du, mein Kind, für so eine Entscheidung gibt es nie nur einen Weg. Horche tief in dich hinein, am besten in einem anderen Umfeld, und entscheide dann. Distanz schafft Klarheit, deshalb nimm dir eine Auszeit. Manchmal reicht ein längerer Spaziergang, manchmal braucht man auch mehr Zeit, vielleicht eine Nacht, ein Wochenende. Aber ich verspreche dir, danach wirst du wissen, wohin es dich zieht.«*

*»Wirklich?«, frage ich zweifelnd.*

*»Oh ja, es ist eigentlich ganz leicht. Du musst dir nur das Umfeld schaffen, um deine innere Stimme zu hören, und glaube mir, sie wird sich melden und dir das Richtige raten.«*

*Er nimmt jetzt meine Hand, und stumm gehen wir weiter, genießen die angenehm kühle Luft und unser Zusammensein.*

*Es tut mir unendlich gut, meinen Vater an meiner Seite zu haben, seine warme Hand in meiner zu spüren. Ich fühle mich behütet und beschützt. Es ist wunderschön.*

*»Ich muss los, meine liebe Esther«, sagt er schließlich. »Mein Flugzeug geht bald, und das Taxi da vorn wartet schon auf mich.«*

*»Was machst du denn?«*

*»Pssst!«, meint mein Vater und legt mir den Finger auf den Mund. »Das ist ein Geheimnis. Aber ich verspreche, dir alles zu erzählen, wenn wir uns wiedersehen. Und das wird schon bald sein.«*

*Mein Vater nimmt mich in den Arm, ganz fest, und dann löst er sich von mir und streichelt mir über die Wange.*

*»Bis bald, Kleines!«*

*Ich sehe ihm nach, bis er in das Taxi steigt und losfährt. Ich sehe ihm weiter nach, so lange, bis das Auto um die Ecke verschwunden ist.*

Später, nach Hause zurückgekehrt, nippe ich an einem Tee, ganz entspannt, und fühle mich wohl. Wie so oft, wenn ich nicht weiter weiß, tut es gut, mir Szenen mit meinem Vater vorzustellen, die Gedanken an ihn streicheln meine Seele und geben mir Kraft.

Ich weiß, dass ich ihn längst idealisiere und er für mich der große Held ist. Ich weiß aber auch, dass das nur aus Mangel an Fakten passiert.

Es gibt allerdings schon die Momente, in denen ich zweifle, ob er wirklich so großartig ist. Dann stelle ich mir einen Luftikus vor, der nur eine Affäre gesucht und sich anschließend aus dem Staub gemacht hat.

Ich weiß, dass ich meinen Eltern sehr viel verdanke. Sie haben mich liebevoll aufgezogen, morgens mein Schulfrühstück zubereitet und mir Wadenwickel gemacht, wenn ich Fieber hatte. Sie haben meine teuren Musikstunden bezahlt, meine Instrumente. Sie waren immer da – mein leiblicher Vater nicht.

Ich habe auch diesen klaren Blick auf diesen Mann aus dem fernen Algerien. In den Zeiten, in denen es mir gut geht, sehe ich ihn kritisch. Aber in den Zeiten, in denen ich unsicher und ratlos bin oder sogar in Not, sehe ich ihn so, wie ich ihn gern hätte: unantastbar groß, edel und lieb und mir grenzenlos zugewandt.

Es ist schön, träumen zu können!

Ich nehme mein Telefon und wähle eine vertraute Nummer.

»Sag mal, könnte ich nicht ein Wochenende zu dir kommen? Hast du Zeit?«

Meine Freundin Natalie ist in der Leitung, eine ehemalige Studienkollegin, die jetzt in Leipzig wohnt.

»Das passt prima, ich habe nichts vor. Komm doch vorbei, und wir machen die Stadt unsicher.«

»Ja prima, ich packe gleich ein paar schicke Sachen ein und fahre los. Weißt du, ich brauche einfach mal eine Auszeit …«

»Ideal für ein Wochenende in Leipzig«, meint Natalie. »Ich koche uns was Leckeres. Was hältst du von Lasagne?«

Das Wochenende wird herrlich. Wir feiern, tanzen, und ich lasse mir meine verquirlten Gedanken von den Bässen der Disco wegdröhnen. Es stimmt wirklich: Distanz schafft Klarheit.

Montag früh sage ich zu: Ich gehe nach Düsseldorf!

*

Bevor ich umziehe, fahre ich aber noch zu einer großen Familienfeier nach Erfurt, auf der ich allen schmunzelnd sage, dass ich bald eine Wessi sei.

Onkel Rolf hat einen runden Geburtstag. Er ist der Bruder meiner Mutter, und ich mag ihn besonders gern. Ich genieße überhaupt das Zusammensein, die vielen Gespräche, die unterschiedlichen Lebensentwürfe, mit denen ich konfrontiert werde.

Meine Familie ist eine herrlich bunte Truppe, und an diesem sonnigen Nachmittag im großen Garten genieße ich es, ein Teil von ihnen zu sein. Allerdings nur kurz, denn nach der Freude kommen gleich wieder die Wehmut und der Gedanke: Warum hat eigentlich nie jemand mit mir über meine Herkunft gesprochen?

In genau dieser Stimmung kommt Tante Heike auf mich zu, die sich neben mich setzt und plötzlich ganz vertraulich wirkt.

»Kann ich mal unter vier Augen mit dir sprechen?«, fragt sie.

»Ja, klar. Natürlich. Was ist denn los?«

Sie druckst etwas herum.

»Esther, ich weiß ja, dass Bernd nicht dein Vater ist. Du kannst dich also bestimmt am besten in so eine Situation hineinversetzen …«

»In die von Stefan?«, sage ich forsch und treffe damit voll

ins Schwarze. Denn Stefan wurde als Baby von Rolf und Heike adoptiert!

Sie nickt.

»Genau. Was rätst du mir? Wann sollen wir ihm sagen, dass er nicht unser leiblicher Sohn und adoptiert ist?«

»Er ist nahezu erwachsen. Hat er denn immer noch keine Ahnung?«

Heike schüttelt den Kopf. »Am liebsten möchte ich, dass er es gar nicht erfährt. Wir sind so eine harmonische Familie.«

Ich bin sprachlos.

»Tante Heike, mach das nicht. Ich bin sehr traurig darüber, dass meine Eltern mir so lange nichts verraten haben, und hätte mir Offenheit so früh wie möglich gewünscht. Sprecht mit ihm, so schnell wie möglich, und begleitet ihn auf seinem Weg, unbedingt. Er wird sich sonst so fühlen, wie ich mich seit Langem fühle: ohne eine richtige Identität. Das ist schlimm!«

Heike ist sichtlich verunsichert.

»Ich danke dir«, meint sie noch lächelnd, bevor sie zurück zu den anderen geht.

Sie hat nicht die Kraft für ein längeres Gespräch, aber man kann sehen, wie sehr sie das Thema beschäftigt. Vielleicht bereut sie es aber auch, mich angesprochen zu haben, weil ich ihr ein schlechtes Gewissen gemacht habe. Ich weiß, dass ich einen gewaltigen Sturm in ihr ausgelöst habe. Hoffentlich bläst er in die richtige Richtung.

*

Meine Wohnung liegt im Herzen von Düsseldorf, ein niedliches Apartment im Souterrain, ganz in der Nähe des Rheins.

Der Umzug war problemlos. Ich bin mit einem Sofa, einer

Matratze, einem Fernseher und einer Kleiderstange in mein neues Leben gestartet und fühle mich großartig.

Mein Job im »Grafik Office« ist klasse, meine Kollegen sind zauberhaft. Ich bin glücklich, obwohl ich meine Familie und die Heimat vermisse. Nahezu jeden Abend telefoniere ich mit meiner Mutter und lebe nicht nur mein Leben, sondern auch das meiner Familie weiter mit. Das gibt mir Halt und macht es mir leichter, mich in der Ferne wohlzufühlen.

Bei diesen Telefonaten geht es natürlich auch immer wieder um Jens, und ich bekomme haarklein die ihn betreffenden nervigen Anekdoten zu hören und auch die in meinen Ohren immer absurder werdenden Erklärungen, die meine Eltern für sein Verhalten finden.

Mit Anfang zwanzig ist er offensichtlich immer noch ihr Sorgenkind, und sie wollen ihm helfen und ihn beschützen, wo immer es geht. Sie entschuldigen nicht nur alles, sie bügeln auch jeden Fehltritt von ihm aus.

Von Mutti höre ich ständig: »Das kann doch mal passieren« oder: »Fehler macht jeder.«

Ich denke dann jedes Mal: »Stimmt, aber andere lernen daraus!«

Natürlich verstehe ich meine Eltern. Sie wollen ihrem Kind helfen, so gut es geht das Leben zu meistern. Aber ich fühle mich durch ihren Entschuldigungs-Marathon weiterhin in den Hintergrund gedrängt und leide darunter, denn natürlich schiebe ich das auf unsere spezielle Familiensituation.

Ich wohne weit weg von meinen Eltern, bin mittlerweile Mitte zwanzig und achte und respektiere, was sie für mich getan haben, besonders mein Vater. Ich achte es besonders, weil ich weiß, dass er es nicht hätte tun müssen. Er ist nicht mein leiblicher Vater und hätte deshalb keinerlei Verpflichtung gehabt.

Seine Liebe und sein Einsatz zählen deshalb für mich doppelt, und so akzeptiere ich natürlich auch, dass er sich intensiv um seinen leiblichen Sohn kümmert.

Das ist mein Kopf, der so spricht. Und dann ist da aber auch noch das Herz, das spürt, dass ich nie so viel Liebe und Verständnis von ihm erwarten darf, weil ich kein Teil von ihm bin, sondern letztlich nur ein Anhängsel der Frau, die er liebt. Diese beiden Stimmen belauern sich in meinem Inneren und bewirken, dass ich nie zur Ruhe komme, sondern in mir eine Wunde schwärt.

Trotzdem packe ich jedes Wochenende mein Köfferchen und fahre nach Weimar. Vermutlich weil ich Angst habe, an Terrain zu verlieren und meinen eh schon unsicheren Platz in dieser Familie nicht weiter gefährden möchte. Ich empfinde das Band als dünn und möchte es auf keinen Fall zerreißen lassen.

Allerdings wird meine Erwartung häufig enttäuscht. Unser Miteinander ist keineswegs immer harmonisch. Spannungen entwickeln sich schnell und immer nach dem gleichen Muster: Ich störe mich am Umgang mit meinem Bruder, meine Eltern stören sich vermutlich an meinen Kommentaren, und mein Bruder stört sich wohl an meiner Anwesenheit. Jedenfalls rumst es immer schnell, und es gibt ständig Nickligkeiten, die mal mit Türenschlagen und mal mit Schweigen enden.

Zurück in Düsseldorf trage ich immer schwerer an diesen Auseinandersetzungen, und das merken auch andere, denn ich wirke auf sie zunehmend bedrückt und unglücklich. Man fragt nach, und ich beginne langsam, mich auszusprechen.

»Versuch doch, das alles nicht so nah an dich heranzulassen. Warum trägst du so schwer daran?«, fragt mich meine beste Freundin Anja, die ich in Düsseldorf gefunden habe und mit der ich zunehmend alle meine Gefühle teile.

Anja kommt aus Leipzig. Ich habe sie im Fitnessstudio kennengelernt. Sie arbeitet bei einer Krankenkasse, ist wie ich neu in der Stadt, und wir wollen uns jetzt zusammen hier ein neues Leben aufbauen, soziale Kontakte knüpfen und glücklich werden, fern der ostdeutschen Heimat.

Ich mag an ihr diese erfrischende Ehrlichkeit. Anja ist mit ihren dunklen Locken und der tollen Figur nicht nur bildhübsch, sondern auch warmherzig und ehrlich. Wir waren bei unserem ersten Kennenlernen nach dem Training gleich ein Herz und eine Seele und sind seitdem unzertrennlich.

Und jetzt sitzen wir in ihrem kleinen Wohnzimmer, und ich nutze die Gelegenheit, ihr mein Herz auszuschütten. Sie weiß schnell alles, auch, wie sehr ich darunter leide, in meiner Familie nur die »Beigabe« zu sein.

»Das Gefühl, dass etwas nicht stimmt, dominiert mein Leben schon sehr, sehr lange. Der Stachel meiner ungeklärten Herkunft sitzt einfach zu tief in meiner Seele und lässt Normalität in meinem Familienleben nicht mehr zu. Ich kann nicht entspannt und gelassen sein, es geht nicht.«

»›Etwas stimmt nicht?‹ Wie muss ich mir das denn vorstellen? Du warst doch anfangs noch ein Kind?«, will Anja da wissen.

»Kinder haben feine Antennen«, versuche ich zu erklären. »Es ging nicht um ausgesprochene Hinweise. Ich spürte immer dezent mitschwingende Emotionen und Unstimmigkeiten.«

»Nenn mal ein Beispiel!«

»Ich habe doch gesehen, dass ich anders aussah. Natürlich habe ich die Erklärungen gehört und auch geglaubt, und doch war da eine sanfte innere Stimme, die Zweifel anmeldete. Es spielt sich im Unterbewusstsein ab. Man kann es nicht in Worte fassen, aber man weiß: Etwas ist nicht rund.«

»Und dann?«

»Mein Leben teilt sich in ein Davor und ein Danach, in eine

Bilderbuchkindheit und in anschließendes Chaos. Die Zäsur ist ein einziger Satz! Und plötzlich stand ich zwei Vätern gegenüber, und niemand half mir, damit fertigzuwerden. Ich fühlte mich alleingelassen, ach was, regelrecht verlassen, ich war isoliert und verloren, ganz allein mit der Verarbeitung meiner Gefühle.«

»Wie hat sich das angefühlt?«

»Wie ein Verrat! Ich wurde in die Irre geführt, ausgerechnet von den Menschen, die ich liebte und die mich doch hätten schützen müssen. Das hat mein Urvertrauen zerstört. Ich fühle mich seitdem immer damit allein ...«

Ich spüre einen Kloß in meinem Hals und schnappe nach Luft.

»... weißt du, was das mit einem Menschen macht? Man wird unsicher, hilflos, ängstlich, traut sich wenig zu«, versuche ich in Worte zu fassen, was in mir vorgeht. »Man startet anders ins Leben, wenn man gewünscht ist und den Rückhalt beider Eltern hat.«

Anja nickt und wirkt sehr nachdenklich.

»Weißt du ...«, meint sie schließlich. »Es gibt wohl nur zwei Möglichkeiten: Du suchst deinen Vater und schließt Frieden. Oder du arrangierst dich mit deiner Herkunft und lässt das Neue und Unbekannte ruhen. Einen dieser Wege musst du gehen. Sonst zerreibst du dich zwischen deinen beiden Hälften.«

Als ich an diesem Abend nach Hause gehe, nehme ich ganz bewusst einen Umweg. Ich genieße es, durch die Dunkelheit zu spazieren und in mein Inneres hineinzuhorchen.

Anjas klare Sätze haben mir die Augen geöffnet. Es reicht nicht, wenn ich mich in Fantasien flüchte. Ich muss mich entscheiden. Und das ist leicht. Denn ich weiß längst, dass der zweite Weg nicht geht.

Ich muss meinen Vater finden, sonst werde ich in meinem Leben nie Ruhe finden!

# Kapitel 5

»Es tut uns leid, aber leider können wir Ihnen bei der Suche nach Ihrem Vater nicht weiterhelfen. Es liegen uns keine Unterlagen mehr vor!«

Als ich an diesem Sommermorgen die Post öffne, bin ich traurig und auch ratlos. Mit dem Brief in der Hand setze ich mich auf mein Bett und fühle mich leer.

Vor einigen Wochen, gleich nach meinem Gespräch mit Anja, habe ich das Jugendamt in Weimar angerufen und um Informationen zu Zoheir Deneche gebeten. Man hat mir versprochen, noch einmal gründliche Nachforschungen anzustellen und sich dann bei mir zu melden. Das ist jetzt geschehen. Aber die Antwort ist ernüchternd. Meine Anfrage ist ins Leere gelaufen, und ich habe es jetzt schriftlich, dass man mir nicht weiterhelfen kann.

Aber ich mache weiter, doch auch meine Bemühungen bei der algerischen Botschaft in Berlin sind schließlich nicht erfolgreich. Ich rufe dort mehrmals an und bitte um einen Hinweis auf den möglichen Aufenthaltsort dieses Zoheir Deneche, doch nie gibt es positive Rückmeldung. Auch ein Brief bleibt unbeantwortet.

Das ist alles merkwürdig und bringt mich auf die absurdesten Gedanken. Meine Mutter kommt aus einem Land, in dem Bespitzelung Alltag war. Mein Vater ist Spezialist in einem Bereich, der durchaus sicherheitsrelevant ist. Soll es also keine Spuren von dieser Verbindung geben? Sehe ich Gespenster und habe zu viel Enthüllungsartikel gelesen? Ich bin ratlos und weiß nicht, wo und wie ich noch suchen soll.

Zum Glück habe ich Anja, und seit einiger Zeit noch zwei weitere Freundinnen. Nicole, Anjas Kollegin, blond und blauäugig mit ganz klaren und nüchternen Ansichten, und Nic, die als Arbeitsvermittlerin arbeitet, aber im Herzen eine Künstlerin ist und genauso ungezügelt denkt, wie ihr langes braunes Haar fällt. Diese drei Freundinnen werden meine große Stütze.

Wir sind alle mehr oder weniger im selben Alter, lieben die üblichen Themen wie Frisuren, Mode, Ausgehen und Männer, können aber auch ganz ernst unseren jeweiligen Problemen auf den Grund gehen und uns gegenseitig eine Hilfe sein.

Wenn ich mich öffne, geht es meistens um mein sehr spezielles Thema, also darum, wie ich mit meinem verlorenen Vater zurechtkomme. Da ich jahrelang nicht aussprechen durfte, was mich bedrückt, und ich deshalb innerlich fast zu zerbrechen drohte, genieße ich es jetzt, mich endlich freisprechen zu können. Diese drei jungen Frauen lassen mich reden, hören zu, geben Tipps. Das hilft mir sehr.

Ich scheue mich längst nicht mehr, eine von ihnen anzurufen, wenn die Gedanken mal wieder verrücktspielen und ich spüre, dass mein Innerstes aus dem Gleichgewicht gerät, weil ich nicht weiß, wer ich bin und ob ich jemals Klarheit darüber bekomme. Es ist die Ungewissheit, die mir zusetzt.

Leider kann ich ihnen das Bild meines Vaters nicht mehr zeigen. Obwohl ich es so sorgfältig weggelegt habe, ist es wie vom Erdboden verschwunden. Schon als ich zum Studieren ging, war es nicht mehr auffindbar. Manchmal denke ich, dass meine Mutter es genommen hat, aber vielleicht suche ich in ihr auch nur eine Schuldige, weil ich mich unendlich ärgere, nicht besser aufgepasst zu haben.

*

Als wir an einem milden Septemberabend 2003 zusammen bei Nicole sitzen und Lasagne essen, ergreift sie als Erste die Initiative. »Lass uns gemeinsam suchen«, meint sie, nachdem ich erzählt habe, dass ich beim Jugendamt und der Botschaft nicht weitergekommen bin.

Nicole bringt das Fernsehen ins Spiel. Sie ist ein großer Fan der Überraschungssendung *Nur die Liebe zählt* und malt mir fantasiereich aus, wie es sein wird, wenn ich auf der Bühne stehe und mein Vater aus den Kulissen hervortritt und wir uns weinend in den Armen liegen, natürlich vor Millionen Zuschauern.

Aber ganz ehrlich, das traue ich mich nicht. Natürlich könnte ich mit der Redaktion Kontakt aufnehmen, doch ich mag bei meinem so privaten Thema keine Öffentlichkeit.

»Okay, dann nicht«, meint Nic. »Also bleibt ein Privatdetektiv!«, empfiehlt sie mir. »Die gibt es bestimmt auch in Algerien, und es wird dort nicht so teuer sein wie bei uns!«

»Bitte? Nicht so teuer? Für eine junge Angestellte wie mich ist auch wenig Geld viel Geld.«

Nic lacht. »Wer weiß, vielleicht hat er reichlich Millionen, und du entschwebst in eine andere Welt!«, scherzt sie, und ich muss schmunzeln. Meinen Mädels geht die Fantasie genauso durch wie mir.

»Ach, Spaß beiseite, es ist ja ein ernstes Thema«, holt uns Anja wieder zurück. »Es geht um deine Wurzeln, und das ist jede Mühe wert. Wir machen uns alle weiter Gedanken, was wir noch tun können …«

»Genau«, bestätigt sie Nicole. »Als Erstes bemühen wir mal das World Wide Web.«

Sie stellt ihren PC an, und während wir ihr alle aufgeregt über die Schulter sehen, gibt sie den Namen meines Vaters in diverse Suchmaschinen ein. Ich bin aufgeregt und muss mehrmals aufstehen und im Zimmer herumlaufen, weil ich die Spannung nicht ertrage. Aber mein Herzklopfen ist überflüssig. Das Netz spuckt nichts aus.

Ich bin so froh, sie an meiner Seite zu haben! Denn wenn schon meine Eltern nicht mit mir darüber sprechen, so ist es herrlich, bei meinen Freundinnen Verständnis zu finden. Ich sauge das auf wie ein Schwamm das Wasser. Als ich spätabends nach Hause gehe, bin ich zwar nicht wirklich weitergekommen, genieße es aber sehr, Mitstreiterinnen gefunden zu haben.

Wenig später kommt mir dann ein Zufall zu Hilfe.

Ich lerne in Düsseldorf über Bekannte einen Tschechen kennen, der deutsche Wurzeln hat und als Dozent an der Universität in Prag arbeitet. Ich gebe ihm den Namen meines Vaters und bitte ihn, etwas über ihn herauszufinden. Es muss doch ein Verzeichnis der Studenten, auch der ausländischen, geben.

»Das wird jetzt etwas«, erzähle ich Nicole optimistisch, und sie steigt gleich mit ein und macht mir Mut. »Das war eine super Idee. An der Uni sind alle Studenten registriert. Du hast ihn.«

In der Nacht bekomme ich vor Aufregung kein Auge zu. Ich bin so kurz vor dem Ziel. Ich habe die Fakultät, ich habe den entsprechenden Zeitraum, und ich habe jetzt einen Landsmann, der sich auskennen muss.

Er meldet sich schnell, schon zwei Wochen später bekomme ich eine Mail von ihm. Allerdings ist der Inhalt überaus enttäuschend: »Es tut mir leid, aber über deinen Vater gibt es keinen Hinweis in den Unterlagen.«

Als ich das den drei Mädels zeige, kommen auch sie plötzlich auf die Idee, die mir schon jahrelang im Kopf herumspukt: Hier hat die Stasi ihre Finger im Spiel!

Nic spricht aus, was wir drei Ossi-Mädchen denken: »Niemand verschwindet, es sei denn, das System will es so.«

Dabei atmet sie tief durch und sieht uns wissend an.

Wir sitzen alle zusammen am Tisch, nippen an unseren Weinschorlegläsern, und allein bei der Vorstellung ist uns schon gruselig zumute.

»Vielleicht solltest du nicht länger in dieser Sache herumstochern«, meint Nicole, die einzige Wessi-Frau in unserer Truppe, bedeutungsschwanger, und Ossi Anja ergänzt: »Ist deine Mutter vielleicht deshalb so wortkarg, weil man ihr das nahegelegt hat? Man brachte nach dem Ende der DDR so viel ans Tageslicht, was ich nie geahnt hätte.«

Alles ist denkbar. Vielleicht hat man meiner Mutter damals tatsächlich »nahegelegt«, diesen Mann zu vergessen. Meine Fantasie reicht, um mir vorzustellen, wie man dieser Bitte »Nachdruck« verleihen konnte.

»Oh, Esther, es ist so aufregend, was bei euch alles möglich war«, meint Nicole, lächelt ganz geheimnisvoll und lässt jetzt ihrer Fantasie ebenfalls freien Lauf. »Vielleicht ist er ein ganz anderer, als du es dir vorstellst? Ein Spion, eine Art 007 der algerischen Regierung, der etwas ausspionieren sollte. Vielleicht ist deine Mutter von der Stasi auf ihn angesetzt worden? Sie haben sie erpresst, eine Beziehung mit ihm einzugehen.«

»Nicole«, falle ich ihr da etwas scharf ins Wort. »Jetzt drehst du aber zu sehr auf.«

Sie schüttelt den Kopf.

»Nee, nee, keineswegs. Das habe ich erst vor Kurzem in einem Film gesehen, da ging es auch um Romeo-Agenten. Die täuschen Gefühle vor, um an Geheimnisse zu kommen.«

»Mein Vater ein Romeo-Agent? Tja, warum nicht auch das«, murmle ich.

Ich schlucke und fange mich wieder. »Aber gut, wenn es so ist, dann muss ich auch damit zurechtkommen.«

Ich schmunzle, schenke uns noch einmal nach, und in meinem Kopf klingt jetzt die Titelmelodie des neuesten Bond-Spielfilms.

»*Über den Dächern von Prag*«, spinne ich weiter. »Und meine Mutter als Bond-Girl … Ich glaube, das sollten wir vergessen.«

Nicole nippt an ihrem Glas. »Weil du immer noch mit einem Arm in der DDR-Jacke steckst. Bloß nichts zu Ende denken, weil man Ärger bekommen könnte.«

»Du, jetzt reicht es aber«, stoppe ich die gemeinsamen Gedankenexzesse. »Jetzt schnappen wir alle über. Ich hole uns lieber mal ein paar Illustrierte, damit wir auf andere Gedanken kommen.«

Den Rest des Abends geht es um schicke Kleider und neue Frisuren.

Erst als ich am Abend im Bett liege, gehen mir Nicoles Stasi- und Spion-Fantasien noch einmal durch den Kopf. So ganz abwegig sind diese Gedanken vielleicht doch nicht.

*

Mein Bruder Jens kommt nach Düsseldorf, und ich freue mich sehr auf ihn. Die letzten Jahre waren wir zwar wie Hund und Katze und sind bei jeder Gelegenheit aneinandergeraten. Aber wir sind Geschwister, und das ist ein Band, das trotz aller Schwierigkeiten Bestand hat. Wir haben dieselbe Mutter, sind im selben Umfeld aufgewachsen und gehören natürlich zusammen. Nicht so, wie ich es mir gewünscht hätte, aber irgendwie schon.

Gut, wir sind grundverschieden, und ich habe einiges an meinem Bruder auszusetzen: Er ist in meinen Augen zu bequem, zu wenig leistungsorientiert, zu wenig hilfsbereit und, und, und. Aber das ist meine Perspektive, und die muss nicht die richtige sein. Er wird vermutlich auch nicht nur das Beste über mich denken, und wir haben beide kein Recht, übereinander zu urteilen, nur weil wir unterschiedlich leben und Dinge unterschiedlich bewerten und bewältigen, eben verschieden sind.

Sein Besuch ist für mich auch die Chance, ihm wieder näherzukommen. Vielleicht waren wir als Kinder und Jugendliche einfach zu unreif, um miteinander umgehen zu können. Statt uns immer gleich zu beharken und irgendwann meistens links liegen zu lassen, hätten wir großzügiger sein und über Dinge hinwegsehen sollen.

Jens ist mittlerweile achtundzwanzig Jahre alt, ein drahtiger, durchtrainierter Dachdecker, der mit der Hilfe meines Vaters endlich auf eigenen Beinen steht. In seinem Beruf mochte er dann allerdings nicht arbeiten, also hat ihm mein Vater einen Job bei Coca-Cola besorgt. Dort hat er jetzt ein gutes Einkommen, lebt weiterhin bei meinen Eltern und könnte sich locker ein Hotelzimmer in Düsseldorf leisten. Will er aber nicht. Er kommt zu mir und setzt damit ein Zeichen: Ich bin für ihn noch wichtig!

Gut, er kommt nicht ausschließlich wegen mir. Er ist ein riesengroßer Fußballfan und möchte sich am Samstag zuerst ein Spiel von Borussia Mönchengladbach ansehen. Aber er wird anschließend bei mir sein und Zeit mit mir verbringen. Ich freue mich!

Wer weiß, vielleicht entdecken wir uns zu zweit, ohne die ständige Einmischung meiner Eltern, ja ganz neu, und das Wochenende wird zur Wende. Ich möchte in einer harmonischen, liebevollen Familie leben. Mit diesem Treffen mache ich einen großen Schritt in die richtige Richtung.

Ich beziehe die Couch für ihn, kaufe ein leckeres Frühstück ein, und als Jens am frühen Samstagabend nach dem Spiel zu mir kommt, ist unser Zusammensein zum ersten Mal seit Langem heiter und unbekümmert.

Wir nehmen uns zur Begrüßung fest in den Arm. Der ganze Groll der letzten Jahre scheint wie weggepustet. Ich bin total überschwänglich, als ich ihn in meinem Kleinwagen durch Düsseldorf kutschiere. Ich zeige ihm, wo ich arbeite, wo ich in den Mittagspausen gern essen gehe, wo es die schönste Kleidung gibt und wo ich gern im Park spazieren gehe. Natürlich düse ich auch noch zum Rheinufer, das ich so liebe und an dem man zu jeder Jahreszeit einfach herrlich promenieren gehen kann.

»Meine Güte, ist das schön hier in Düsseldorf. Sieh mal, der Biergarten. Wenn ich im Sommer wiederkomme, gehen wir dort einmal hin«, schlägt er vor und sieht neugierig aus dem Fenster, stellt Fragen und ist froh, bei mir zu sein. Wir quatschen lebhaft durcheinander, lachen, erzählen auch von unseren Eltern und dass wir uns alle recht bald einmal hier in Düsseldorf treffen müssen.

Später sind wir bei Anja und ihrem Mann Jörg eingeladen. Die beiden anderen Mädels sind ebenfalls dort. Alle wollen Jens kennenlernen.

Doch das Treffen entpuppt sich als keine gute Idee. Mein Bruder wird zwar sehr freundlich empfangen, gibt das aber kaum zurück. Stattdessen erfreut er sich am Bier und trinkt rasch ein paar Gläser zu viel. Entsprechend mürrisch wird er im Laufe des Abends und zeigt das auch deutlich. Er drängelt ständig, dass er nach Hause möchte, und wird immer ruppiger. Als er sich auch noch wegen einer Nichtigkeit mit unserem Gastgeber Jörg anlegt, bin ich wirklich sauer.

»Lass uns gehen«, sage ich schließlich, und während ich mich noch liebevoll von meinen Freunden verabschiede, poltert Jens bereits an mir vorbei hinaus, unhöflich und vor allen Dingen auch undankbar. Ich bin entsetzt und sauer, und als wir im Auto sitzen, geraten wir richtig aneinander.

»Sag mal, was war das denn für eine Vorstellung eben?! Du solltest die Finger vom Bier lassen, wenn du damit nicht umgehen kannst«, pflaume ich ihn unwirsch an.

»Gut, dass du mir nichts zu sagen hast«, kontert er umgehend.

»Wenn du bei meinen Freunden bist schon, mein Lieber. Dann verhältst du dich anständig, verstanden!«

»Und was anständig ist, weiß natürlich meine ach so tolle Superschwester, nicht wahr!«

Er äfft jetzt meine Stimme nach.

»Meine alles wissende Schwester, der keiner das Wasser reichen kann. Die hat mir natürlich was zu sagen, na klar«, redet er sich in Rage.

Es ist dunkel, die Straßen sind glatt und vereist, und ich möchte mich auf den Verkehr konzentrieren, während mein Bruder unbedingt unseren Streit ausdiskutieren will.

Aber ich weiche nicht zurück.

»Ja, es wäre gut gewesen, wenn du schon früher mal auf mich gehört hättest. Dann wärest du vielleicht besser erzogen und hättest dich nicht so aufgeführt. Du hast mindestens fünf Bier getrunken, und deinem Benehmen nach zu urteilen waren vier zu viel.«

»Na und, hätte ich dich fragen müssen? Du kannst mich mal, du doofe Zicke.«

»Zicke? Was fällt dir ein …«

Mittlerweile schreien wir uns heftig an, und als ich abrupt bremse, weil die Ampel für mich unerwartet auf Rot springt, reißt er die Tür auf und hechtet aus dem Auto. Mir stockt der Atem, denn ein Fahrzeug, das hinter uns fährt, hat Mühe zu bremsen.

Ich bin jetzt richtig geladen, lenke aber das Auto noch an den Straßenrand, um meinen Bruder energisch aufzufordern, sofort wieder einzusteigen. Er ist wie ein störrisches Kind, doch ich fühle mich für ihn verantwortlich, auch wenn er längst volljährig ist.

Widerwillig steigt er ein, gibt aber auch jetzt keine Ruhe. Unser Zoff geht weiter, und längst kommt auch wieder die Vergangenheit ins Spiel.

»Du willst doch immer nur superwichtig sein, sonst drehst du durch«, schnauzt er mich an.

»Und du benimmst dich mal wieder wie ein ungezogenes Kind«, zische ich zurück.

Als ich den Wagen einparke, schreien wir uns immer noch an, und kaum sind wir in der Wohnung, schenken wir uns beide nichts.

»Werd doch endlich mal normal, es ist schlimm, dass du die ganze Familie mit deinen Attacken terrorisierst!«, werfe ich Jens vor, und er nennt mich »irre« und »ausgetickt« und sagt dann etwas, das mich besonders verletzt. Er wirft mir »Exotentheater« vor und meint, damit sei ich die größere Belastung für die Familie.

Allein das Wort »Belastung« macht mich sehr traurig.

Ich habe Tränen in den Augen. Jens ist das nun alles zu viel. Er schnappt sich seine Tasche und läuft aus der Wohnung.

Mein schöner, harmonischer Abend ist in wilden Streitereien untergegangen. Aber ich bin auch stur und habe keine Lust, ihm nachzulaufen. Er hat ausreichend Geld und wird in Düsseldorf nicht untergehen. Auf keinen Fall halte ich ihn zurück.

In der Nacht bekomme ich jedoch kaum ein Auge zu, so aufgewühlt bin ich von unserem Streit. Ich hatte mir so viel von diesem Wochenende erhofft – und jetzt das.

Trost suchend rufe ich frühmorgens meine Mutter an und erzähle ihr, was vorgefallen ist. Ich bin anfangs sicher, dass sie auf meiner Seite steht, weil sich Jens nicht nur betrunken hat, sondern auch bei meinen Freunden einfach nur peinlich war.

Aber sie reagiert komplett anders als erwartet. Statt mir beizupflichten, macht sie mir Vorwürfe.

»Wie kannst du es zulassen, dass Jens nachts auf der Straße steht. Du hast doch die Verantwortung für den Jungen.«

Ich bin baff und völlig überrumpelt.

»Und das Exotentheater? Was ist damit?«

Sie scheint das gar nicht zu hören und fängt wieder mit »Verantwortung« an.

»Verantwortung? Was heißt das? Er ist erwachsen«, antworte ich und fühle mich in die komplett falsche Rolle gedrängt.

»Wie kannst du dich so fahrlässig verhalten«, schimpft sie weiter mit mir. »Ich finde dein Verhalten unmöglich.«

»Unmöglich? Mein Verhalten? Ich denke, du solltest dir Gedanken über Jens' Verhalten machen. Findest du das nicht noch unmöglicher?«

Ich will es jetzt wirklich wissen. Ich will wissen, ob sie tatsächlich so einseitig Partei ergreift und ihren heiß geliebten Jens auch für diese Dummheit noch in Schutz nimmt.

»Jens hatte die ganze Woche gearbeitet und einen langen Tag hinter sich!«, sagt sie beschwichtigend.

»Er war beim Fußball, Mutti!«, entgegne ich.

»Und die lange Fahrt, zählt die nicht?«

»Hör auf damit. Du entschuldigst alles. Er darf sich so unmöglich bei meinen Freunden aufführen, weil er eine Zugfahrt gemeistert und ein Fußballspiel gesehen hat? Mutti, das ist doch nicht zu fassen!«

Ich atme tief durch und könnte platzen vor Wut und Enttäuschung.

»Übrigens habe ich auch die ganze Woche gearbeitet und

kann mich trotzdem benehmen und schütte mich nicht mit Alkohol zu …«

»Du solltest etwas gelassener sein. Meine Güte, ein Mann darf doch mal was trinken. Und arbeiten müssen wir alle und können deshalb doch nicht unsere Familie vor die Tür setzen.«

»Ich habe ihn nicht vor die Tür gesetzt!«, zische ich.

»Du hast es aber zugelassen, dass er allein in die Nacht läuft, und ihn nicht zurückgeholt. Das kommt auf das Gleiche heraus!«

Ich gebe auf. Es ist aussichtslos. Bevor ich mich gegenüber meiner Mutter im Ton vertue, beende ich lieber das Gespräch. Ich will mir später keine Vorwürfe machen müssen.

Als ich etwas zu ruppig »Tschüss« sage und den Hörer auflege, ahne ich nicht, dass ich die kommenden Monate nichts mehr von meiner Familie hören werde.

Zum ersten Mal in meinem Leben habe ich in dieser Zeit keinen Kontakt zu meinen Eltern, und das ist für mich ganz schwer auszuhalten.

Meine Mutter war mein ganzes Leben lang wie eine Vertraute, die, das Thema mit meinem Vater ausgespart, alles von mir wusste. Jetzt ist das Band gekappt, ich fühle mich im Stich gelassen.

Tief in meinem Inneren hoffe ich, dass sich meine Mutter oder mein Vater bei mir melden. Aber ich höre nichts.

Ich leide und denke nach. Meine Rolle in dieser Familie scheint mir nicht mehr greifbar. Offenbar brauchen wir alle Zeit, um uns über die Situation klarzuwerden! Zeit, die mir zu schaffen macht, denn ich fühle mich ausgestoßen und grenzenlos allein. Nachts weine ich und finde keine Ruhe.

*

»Ich fühle mich wie ein herrenloser Hund: ausgestoßen, ungeliebt«, erzähle ich meinen Freundinnen bei unserem nächsten Zusammensein in einem Café, und sie sehen mich mitfühlend an und streicheln mich mit ihren Blicken.

Als ich später nach Hause gehe, ist es bereits früher Abend. In der Stadt ist es noch hektisch. Viele Menschen erledigen ihre Einkäufe.

Ich bin in Gedanken versunken, als ich plötzlich eine Stimme höre:

*»Wie schön, dass ich dich hier treffe.«*

*Mein Vater steht vor mir! Auch jetzt, in dieser schlimmen Zeit, ist er bei mir. Er sieht wie immer gut aus, dieses Mal ist er ganz lässig gekleidet, in Jeans und mit einem schicken Pullover und Turnschuhen.*

*»Ich komme von einem Treffen mit Freunden«, sagt er ungefragt und erzählt, dass es ehemalige Studienkollegen sind, mit denen er sich locker alle paar Jahre trifft. Er war in Prag und ist von dort direkt nach Düsseldorf geflogen.*

*Sein Gesicht wirkt etwas eingefallen. Vermutlich liegt es am Reisestress.*

*»Ich habe noch etwas Zeit und begleite dich, meine geliebte Tochter«, sagt er leise und hakt sich bei mir unter.*

*»Ich weiß nicht, wie ich ohne meine Familie leben soll«, vertraue ich ihm an. »Ich fühle mich so allein und verstoßen. Und es ist nur, weil du mein Vater bist.«*

*Ich weiß, dass in meinem Satz ein Vorwurf mitklingt, aber es ist mir egal. Ich sage ja nur die Wahrheit. Der ganze Groll, die ganzen Missverständnisse, alles hat diese Ursache. Ich liebe meine Eltern und auf eine ganz bestimmte Art auch meinen Bruder. Aber meine algerische Herkunft hat alles durcheinandergewirbelt. Plötzlich waren Steine im Getriebe, und unser eigentlich harmonisches Familienleben ist dauerhaft ins Ruckeln gekommen.*

*Mein Vater hört mir zu, als ich ihm die ganze Geschichte mit Jens noch einmal haarklein aufdrösle.*

*Zwischenzeitlich sind wir zu Hause angekommen.*

*»Es wird sich fügen, das verspreche ich dir«, sagt er und küsst mich auf die Wange. »Deine Eltern lieben dich. Wenn du das für dich erkennst und verinnerlichst, wird alles gut. Versprochen …«*

»Hey, meine Liebe. Wie schön, dich zu sehen. Kommst du von der Arbeit?«

Christine, meine Nachbarin, winkt mir vom Balkon aus zu. Ich winke zurück, und als ich mich zu meinem Vater wende – ist er weg.

# Kapitel 6

Er ist groß, durchtrainiert, humorvoll und hat das umwerfendste Lächeln, an das ich mich erinnern kann. Ein Mann zum Träumen, und genauso scheine ich ihn anzuschmachten.

Ich bin mit einer Gruppe von Freunden im Düsseldorfer Karneval unterwegs, und was das bedeutet, kann man sich nur vorstellen, wenn man aus dem Rheinland kommt. Die Menschen sind an den tollen Tagen regelrecht aus dem Häuschen. Heute, am Karnevalssamstag, ist die Düsseldorfer Innenstadt voller Narren.

Ich trinke zwar keinen Alkohol, tanze aber trotzdem gut gelaunt als Funkenmariechen verkleidet in einer der vielen Bars. Und da hat er mich entdeckt, der schmucke Pirat, und mich so unverfroren angelächelt, dass ich nicht mehr woandershin sehen kann als in diese strahlend grünen Augen.

Ich bin Single, eine mehrmonatige Partnerschaft hat sich kürzlich erst als Flop herausgestellt, und ein paar Wochen Herzschmerzen liegen gerade hinter mir. Eigentlich suche ich noch nicht nach einer neuen Liebe. Mein Pirat kommt also unpassend. Doch dann ist da dieses Lächeln …

Er lädt mich zu einem Drink ein, genauer zu einem Wasser, ich sage Ja, und dann versuchen wir in dem ganzen Gegröle irgendwie ein Gespräch hinzubekommen.

Torsten, so heißt mein Pirat wenig abenteuerlich, kommt aus Schwedt an der Oder, lebt aber in Berlin. Die gemeinsame Ost-Herkunft verbindet uns sofort an diesem Abend. Wir verstehen uns prima, lachen noch mehr als die anderen und fühlen uns sehr schnell sehr vertraut. Torsten ist Sozialpädagoge, arbeitet, wenn er jenseits der Karnevalszeit nichts und niemanden kapert, als Familientherapeut in der Jugendhilfe und hat eine feine, zugewandte Art, die mir sehr gefällt. Als seine Freunde darauf drängen weiterzuziehen und wir uns gefühlt viel zu früh voneinander verabschieden, wünsche ich nichts mehr, als dass dieses Kapitel eine Fortsetzung erfährt.

»Also, wenn du in Berlin bist, melde dich unbedingt!«, sagt er mir auch prompt zum Abschied und drückt mir, ganz anders als bei uns im Osten üblich, einen Kuss auf die Wange. Ich rieche sein Parfüm, seine Haut und bin selig.

Hier könnte etwas Besonderes beginnen – geht aber nicht, da Torsten vergeben ist und auch bereits einen Sohn mit seiner Lebensgefährtin hat. Das hat er mir sofort gesagt und damit das Feuer gelöscht. Es bleibt also bei einem unverbindlichen Karnevalsflirt.

Doch das Schicksal hat etwas anderes mit uns vor. Denn keine zwei Tage später ruft meine Cousine aus Berlin an, Joana, die Tochter von Papas Bruder Frank, und lädt mich zu einem Hauptstadt-Wochenende ein. Ich bin häufig bei ihr, weiß aber nicht, ob ich dieses Mal so schnell zugesagt hätte, wenn es Torsten dort nicht gegeben hätte.

Obwohl ich weiß, dass ich keinen gebundenen Mann möchte und damit auch keine Affäre, sage ich zu. Aber was ich will, weiß ich eben auch: ihn wiedersehen. Natürlich »nur mal so«, völlig unverbindlich, einfach als Freunde. Ich rede mir vieles ein und will partout nicht wahrhaben, dass ich mich auf gefährliches Eis begebe.

»Ich bin in Berlin. Hast du Zeit?«, spreche ich zwei Tage vor meiner Abreise auf Torstens Handy und bekomme sofort die Antwort: »Immer!«

Wir treffen uns gleich am nächsten Freitag auf einen Kaffee, nachmittags um vier. Ich kann nicht erklären, was mit uns passiert. Aber ich sehe diesen Mann am Tisch sitzen und verknalle mich bis über beide Ohren in ihn.

Ihm geht es offenbar ganz genauso. Nach ein paar belanglosen Sätzen – »Hattest du eine gute Fahrt?« und: »Wo wohnt denn deine Cousine?« – nimmt er plötzlich meine Hand, und diese Geste verändert alles. Es ist ein unbeschreiblich schönes Gefühl, und ich weiß auf einmal, wo ich hingehören möchte.

Ich spüre glasklar, dass ich die Hand halte, an der ich durchs Leben gehen möchte. Aber ich verspüre auch Unsicherheit. Denn dieser Mann hat eine Partnerin und ein Kind mit ihr. Es gibt eine Familie, in der ich nichts zu suchen habe, und damit eine Liebe, die nicht sein wird.

Torsten scheint Gedanken lesen zu können.

»Die Beziehung ist eigentlich schon am Ende. Nur mein Sohn hält uns noch zusammen«, sagt er bei der ersten Tasse Kaffee.

Ich lächle etwas gequält. Das ist ein Satz, den viele gebundene Männer sagen, wenn sie eine neue Frau im Visier haben.

Aber Torsten meint ihn ernst, zumindest bestätigt er mir das. Ich bin unsicher, ob ich ihm glauben kann, aber ich bin ganz sicher, dass ich mich nie auf einen gebundenen Mann einlassen werde. Nach diesem Nachmittag darf es kein »Weiter so« geben.

Wir sitzen da, zwei Stunden lang, halten uns an den Händen und erzählen uns aus unserem Leben.

Ich habe schon jetzt viel Vertrauen und weihe Torsten auch in mein großes Lebensthema, die Vatersuche, ein. Er hört geduldig zu, versteht meine Gefühle und rät mir auch sofort, unbedingt am Ball zu bleiben.

»Du musst die Lücke schließen, für dich«, sagt er spontan, und ich bin begeistert, wie weitsichtig er reagiert.

»Ich arbeite in der Familienhilfe und weiß, wie wichtig es ist, beide Elternteile zu kennen. Wohin sollst du dich orientieren, wenn dir ein Teil der eigenen Geschichte fehlt?«

»Ja, ich fühle auch einen dauernden Schmerz in mir!«, schildere ich offen mein Gefühlsleben.

»Das ist folgerichtig. Dich belastet zusätzlich die Ablehnung deines Vaters, zumal du zu Hause keine Fragen nach ihm stellen durftest. Du musst etwas tun, wirklich. Die Angst, ausgegrenzt und nicht geliebt zu werden, wird sich sonst weiter wie ein roter Faden durch dein Leben ziehen.«

Ich bin so glücklich, jemanden zu haben, der auf mich eingeht, diese Dimension meiner ungewöhnlichen Familiengeschichte erkennt.

Aber wir haben auch andere Themen und erzählen von unseren gemeinsamen Hobbys, gutem Essen, hippen Bars, aufregenden Konzerten.

Ich erfahre, dass Torsten gern reist, und bin auch da ganz ehrlich: »Ich würde nie in so eine Kiste steigen«, sage ich offen.

»Hast du Flugangst?«

»Und wie!«

»Was sorgt dich?«

»Ich kann es schlecht erklären. Ich habe Angst vor dem Ausgeliefertsein, vor der Abhängigkeit. So viele Menschen auf wenig Raum. Das ist mir zu eng, zu bedrohlich.«

»Und wie lange hast du das schon?«

»Früher stellte sich die Frage ja gar nicht. Wir konnten nicht reisen. Aber seit der Wende bin ich dreimal in ein Flugzeug gestiegen, und es war jedes Mal schlimm für mich. Deshalb versuche ich, es zu vermeiden.«

»Vielleicht geht es ja besser, wenn ich dabei bin!«

Ich ahne die Idee dahinter und muss schmunzeln.

»Ja, vielleicht geht es mit dir.«

Ich spreche auch ganz direkt weitere Ängste an. Die vor Hunden zum Beispiel.

»Gibt es dafür einen Grund?«

»Nein, zumindest keinen, den ich benennen kann.«

»Vielleicht hängt es mit dem Schock der unbekannten Vaterschaft zusammen. Das hat dir mächtig zugesetzt. Aus einer verletzten und verunsicherten Seele heraus kann sich vieles entwickeln, auch diffuse Ängste sind möglich.«

Ich fühle mich so wunderbar verstanden und angenommen. Ich weiß, dass ich Torsten nicht mehr loslassen möchte. Aber ich weiß auch, dass ich nicht die treibende Kraft sein will.

»Ich fange nichts mit einem gebundenen Mann an«, sage ich deshalb noch einmal in diese immer verbindlicher werdende Stimmung hinein.

»Musst du auch nicht«, antwortet Torsten.

Ich sehe ihn fragend an.

»Ich kläre das!«, meint er und drückt meine Hand noch etwas fester als zuvor.

Als wir an diesem Nachmittag auseinandergehen, sind wir beide ziemlich verwirrt. Wir sprechen nicht mehr viel, und es fehlt auch die Leichtigkeit.

Ich bin innerlich hin- und hergerissen. Da ist dieses wohl einmalige Gefühl, das man die ganz große Liebe nennt, aber da sind auch die Verantwortung und der feste Wille, kein Glück auf dem Unglück anderer aufzubauen.

Auf dem Weg zu unseren Autos küssen wir uns, nicht wild und leidenschaftlich, eher zärtlich und vertraut. Wir wissen beide, dass das, was kommt, nicht leicht wird. Gut, die Beziehung zu seiner Partnerin ist eindeutig nicht mehr die glücklichste. Aber es geht um einen gemeinsamen Lebensweg und, ganz wichtig, um ein Kind, seinen Sohn Tom, der gerade erst eineinhalb Jahre alt ist. Wenn wir zusammen sein wollen, muss eine kleine Familie einen hohen Preis dafür zahlen. Das Wissen darum nimmt uns die Leichtigkeit.

Als ich am übernächsten Tag über die Autobahn Richtung Heimat fahre, habe ich Magenschmerzen. Es gibt jetzt eine zweite Unsicherheit in meinem Leben. Zu der Baustelle mit meinem Vater ist noch die Baustelle mit einem Mann gekommen. Ist es richtig, dass ich hier so viel »Schicksal« losgetreten habe?

Ich würde so gern meiner Mutter alles erzählen und ihren Rat hören. Es wäre zwar ein Umweg, aber Weimar ist nicht zu weit entfernt.

Soll ich? Ich zögere. Zwischen uns herrscht immer noch Funkstille. Die Kluft ist zu tief, und ich traue mich nicht, einfach vor der Tür zu stehen und sie in den Arm zu nehmen und dann mit meinem Problem herauszuplatzen.

Meine Güte, wie kompliziert doch mein Leben geworden ist! Ich weiß nicht, wie man sich verhält, wenn man liebt und das Leben dagegen ist.

Ich gebe Gas und fahre weiter Richtung Düsseldorf.

*

»Ich habe alles geklärt und reinen Tisch gemacht«, schreibt mir Torsten schon eine Woche nach meiner Rückkehr, und dann überschlagen sich die Ereignisse. Er trennt sich von seiner Lebensgefährtin und bezieht bereits zwei Wochen später eine eigene kleine Wohnung in Berlin-Friedrichshain. Von da an sind wir wirklich unzertrennlich.

Es ist 2006. Deutschland lebt sein Fußball-Sommermärchen, und Torsten und ich leben unseres. Wir schweben auf Wolken, treffen uns in Berlin oder Düsseldorf und sind einfach nur glücklich, dass wir uns haben. Wir gehen Händchen haltend an der Spree entlang, küssen uns im Gras der Rheinauen, genießen die lauen Sommerabende beim Public Viewing und planen zwischen Fußball und Prosecco unsere gemeinsame Zukunft.

Als Torsten einen Job in der Düsseldorfer Jugendhilfe bekommt, zieht er zu mir. Ich habe mittlerweile eine hübsche Zweizimmerwohnung mit Balkon, in der wir uns auch zu zweit prächtig fühlen.

Doch trotz des Rausches unserer großen Liebe trübt die Trennung von Torstens Sohn das Glück. Torsten vermisst den Kleinen sehr, und alle vier Wochen fahren wir nach Berlin, damit Vater und Kind Zeit füreinander haben.

Wir wohnen in diesen Tagen meistens im Hotel und holen den Jungen zu uns. Zum Glück ist Ina, Toms Mutter, sehr offen und unterstützt den Kontakt zum Kindsvater. Das ist ein riesengroßes Trostpflaster in dieser für Torsten so schwierigen Zeit.

Als Eltern suchen die beiden verantwortungsvoll nach einer Lösung für das Kind und gehen sämtliche Betreuungsmodelle durch, entscheiden sich dann aber dafür, dass Tom bei seiner Mutter in Berlin bleibt und Torsten ihn regelmäßig sehen kann.

All die ernsten Gespräche, die großen Gefühle und der spannende Alltag lenken mich mächtig ab, aber natürlich denke ich weiter ständig auch an meine Familie. Ich vermisse meine Eltern und möchte sie gerade jetzt an meinem Glück teilhaben lassen.

Meine Mutter scheint meine Gedanken lesen zu können. Denn als ich am Morgen meines zweiunddreißigsten Geburtstags zum Briefkasten gehe, finde ich in der Glückwunschpost auch eine Karte aus Weimar.

Mein Herz hüpft vor Freude, denn es ist nach dem Zwischenfall mit Jens das erste Lebenszeichen meiner Mutter.

Torsten merkt sofort, was passiert ist.

»Tippe ich richtig?«, ruft er mir zu, während er in der Küche einen Kaffee aufgießt. »Hast du besondere Post bekommen?«

Ich nicke, und dann setze ich mich auf meinen Stuhl und atme erst einmal tief durch.

»Mutti hat mir geschrieben!«, sage ich, drehe mit bebendem Herzen die Karte um und lese den Text: »Es tut mir leid – bitte verzeih mir! Alles Liebe zu Deinem Geburtstag …«

Meine Mutter bittet mich um Verzeihung, weil sie mich liebt, weil sie sich wünscht, dass alles wieder so wird wie früher. Ich bin so froh. In diesem Moment kullern bei mir die Tränen, weil ich so glücklich bin.

Torsten nimmt mir die Karte aus der Hand, um zu sehen, was mich so aufwühlt. Dann nimmt er mich fest in den Arm, und ich lächle mein Glück hinaus.

Mein Geburtstag wird durch diese gute Nachricht zu einem ganz besonderen. Ich kann durch die wiedergefundene Harmonie das abendliche Zusammensein mit meinen Gästen, allen voran meinen drei Freundinnen, richtig genießen.

Zwei Tage später rufe ich meine Mutter an und sage ihr ehrlich, wie sehr ich mich gefreut hätte, und wir führen ein wirklich liebevolles, gutes Gespräch. Das Thema, das uns entzweit hat, mein Groll, dass sie mir nichts von meinem Vater sagt, meine ungeklärte Rolle in der Familie, all das halte ich außen vor. Ich will das zarte Pflänzchen unserer Versöhnung mit nichts gefährden. Jetzt nicht.

Denn es gibt ja ein Thema, das im Moment alles überstrahlt: Ich bin quasi verlobt, und meine Eltern haben bald einen Schwiegersohn!

Torsten hat mir schon sechs Wochen nach unserem ersten Treffen in Berlin einen Heiratsantrag gemacht, ganz förmlich, frühmorgens im Bett. Mit einer roten Rose in der Hand hat er den berühmten Satz gesagt: »Möchtest du meine Frau werden?«

Ich war völlig perplex, musste aber nicht lange überlegen und habe selbstverständlich »Ja« gesagt.

Meine Eltern wissen natürlich von alldem noch nichts. Sie kennen ihren künftigen Schwiegersohn ja noch nicht einmal. Das will ich jetzt als Erstes ändern, so schnell wie möglich.

Zwei Wochen nach unserer Holterdiepolter-Versöhnung fahren Torsten und ich deshalb nach Weimar. Ich möchte meiner Familie den Mann zeigen, den ich liebe. Und wir machen gleich Nägel mit Köpfen und besprechen unsere Hochzeit.

Meine Eltern reagieren total süß. Mutti nimmt Torsten in den Arm, und Vati klopft ihm vertraulich auf die Schulter. Es passt!

Ich treffe an dem Abend auch Jens, und wir begegnen einander zwar kühl, aber gesittet. Wir sitzen zu fünft am Esstisch, lassen uns Muttis leckere Nudelsuppe schmecken, die ich schon als Kind immer so geliebt habe, und reden über Belanglosigkeiten. Die Familie hat sich wieder, und ich bin mehr als froh darüber.

Wenn auch ein Wermutstropfen die Freude ein wenig trübt. Denn es hat sich nichts Grundlegendes geändert. Wieder läuft alles in oberflächlichen Bahnen ab: Wir reden über den Alltag, das neue Sofa, leider nur noch über Oma Edith, denn meine anderen Großeltern und Opa Gustav sind im Laufe der letzten Jahre schon verstorben, unsere Jobs – und nun eben auch, wie mein Brautkleid aussehen soll und wie wir das Hochzeitsmenü zusammenstellen wollen.

Das Thema Nummer eins ist unbestritten die Hochzeit. Ich möchte auch besonders schön heiraten und bin bereit, meine ganzen Ersparnisse dafür zu opfern.

Aber genau das Thema spült auch einmal mehr unseren über viele Jahre gewachsenen Grundkonflikt nach oben. Denn wir wollen in Weimar heiraten, genauer: in der Jakobskirche, in der schon Johann Wolfgang von Goethe seiner Christiane das Jawort gegeben hat. Diese Kirche ist für mich etwas ganz Besonderes. Nicht nur wegen ihrer Rolle in der Klassik. Ich erinnere mich auch gern an meine so feierliche Konfirmation und die aufregenden Momente 1989, denn die Jakobskirche war auch unser Treffpunkt bei den Montagsdemonstrationen, die schließlich zum Mauerfall geführt haben.

Ich möchte hier heiraten, unbedingt. Diese Kirche gehört zu mir. Und während meine Familie jetzt lebhaft die Zeremonie diskutiert, schließe ich meine Augen und stelle mir vor, wie ich in diesem geschichtsträchtigen Ambiente meinen Torsten ehelichen werde. Ich höre die feierliche Musik, sehe in die Gesichter der Menschen, die ich liebe und die mir alles Glück der Welt wünschen. Und dann schreite ich am Arm des Brautvaters zum Altar.

Genau an dieser Stelle fühle ich den Stich in meinem Herzen. Denn mein leiblicher Vater wird nicht dabei sein. Er will mich ja gar nicht. Er will nicht mal wissen, wie ich aussehe. Gut, ich rede mir sein Verhalten in meinen Träumen schön. Aber das ist ja nur eine Art Pflaster. Die Wunde darunter ist nach wie vor tief und schmerzt.

»Ich freue mich schon so sehr darauf, dich vor den Traualtar zu führen«, meint mein Vater in diesem Moment und holt mich damit aus meiner traurigen Stimmung.

»Du wirst großartig aussehen neben dieser schönen Braut in einem schwarzen Anzug und mit silberfarbener Krawatte«, ergänzt Mutti.

Ich lächle zustimmend, denke aber etwas ganz anderes: Ich möchte an diesem Tag auch meinen leiblichen Vater an meiner Seite haben. Den Vater, den es bislang nur in meinen Träumen gibt.

In den Wochen vor meinem großen Tag träume ich mich fortan immer an den Arm des anderen Vaters aus Algerien. Ich male mir die verrücktesten Geschichten aus, stelle mir als sehr freie Variation zum Film *Die Reifeprüfung*, den ich immer schon sehr mochte, vor, dass nunmehr eben mein Vater in allerletzter Sekunde noch in der Kirche auftaucht, weil er seine Tochter zum Traualtar führen will. Kurz bevor ich mein »Ja« hauche, stößt er die schwere Kirchentür auf, ruft »Stopp, ich komme« und ist mit einem Satz an meiner Seite. Er ist natürlich ein ganz besonderer Mann, stattlich, klug, und er spricht ein elegantes Französisch.

Ich weine, als er mich in den Arm nimmt, und dann gehen wir gemeinsam auf den Pastor zu, und mein Vater legt meine Hand in die Torstens und gibt mir seinen Segen.

*

Doch es bleibt bei diesem Traum! Als ich an meinem Festtag in die Jakobskirche komme, steht mein Vater schon am Portal. Er sieht wirklich gut aus in besagtem schwarzen Anzug und mit der Silberkrawatte.

Als ich in seine Augen sehe, denke ich an die vielen Abende, an denen ich ihn in der Bar vom Kartenspielen abgeholt habe.

Ich weiß, dass er auch jetzt wieder denkt: »Das ist meine Tochter!« Er ist stolz auf mich, und ich bin stolz auf ihn.

Meine Mutter strahlt auf der anderen Seite so hell, wie eine Brautmutter nur strahlen kann. Mit einem glücklichen Lächeln sieht sie mich an, und ich spüre tiefe Liebe und ein tiefes Glück.

»Ich danke euch für alles«, sage ich liebevoll und bekomme feuchte Augen.

Ich erlebe eine wunderschöne Zeremonie, die genauso abläuft, wie ich es mir vorgestellt habe. Alles ist so feierlich und berührend.

Anschließend feiern wir mit unseren fünfundsechzig Gästen in einem wunderschönen Gartenrestaurant am Goethepark, mit Blick auf die Ilm, und verleben einen Tag wie aus dem Bilderbuch. Ich bin glücklich und dankbar, das alles erleben zu dürfen.

Aber in meinem Kopf läuft neben diesem herrlichen Film immer wieder bruchstückhaft ein weiterer ab: der mit meinem unbekannten Vater.

Die ganze Zeit über denke ich an ihn und stelle mir vor, was er wohl sagen würde. In meiner Vorstellung sieht er mir von fern zu, gratuliert mir, lächelt und wünscht mir alles Glück der Welt.

Und an diesem Tag wird mir endgültig klar, dass es keinen Moment mehr in meinem Leben geben wird, in dem er nicht seinen Platz einfordert. Das verdeutlicht mir erneut, dass ich handeln muss.

Ich muss weitersuchen, unbedingt!

*

»Ich habe etwas für dich«, flötet Nicole, als ich bei ihr mal wieder zu einer Pizza eingeladen bin. »Komm her zu mir«, strahlt sie und winkt mich mit der Hand an den Esstisch.

»Setz dich, und wir versuchen unser Glück auf Facebook. Ich habe einen Account.«

Ich bin etwas überrumpelt und setze mich brav auf den Stuhl, den sie mir zuweist. Aus der winzigen Küche strömt der Pizzaduft zu mir herüber.

»Ich dachte, wir essen erst mal«, weiche ich aus.

Aber Nicole erkennt die Absicht dahinter und bringt mich gleich wieder auf den Punkt.

»Gegessen wird später. Jetzt machen wir erst mal unsere Hausaufgaben«, meint sie forsch und öffnet mit ein paar Klicks das PC-Programm.

»Hier, du kannst dich über mich bei Facebook einloggen, und dann begeben wir uns auf die Suche.«

Es ist bestimmt eine prima Idee. Doch ich zögere. Ich bin kein Freund dieser Facebook-Welt.

»Du, lass mal, heute ist mir nicht danach«, winde ich mich aus der Situation. »Ich bin auf einen Frauenabend eingestellt und nicht auf das ernste Thema Vatersuche.«

Zum Glück ist Nicole sensibel genug, mich aus der Pflicht zu nehmen. Sie nickt mir zu. »Kein Problem, dann hole ich die Teller.«

Aber vergeblich war ihre Facebook-Anregung nicht.

»Wenn du mal Schnüffeln gehen willst, komm zu mir, und logg dich bei mir ein, okay?«, sagt sie zum Abschied, und ich nehme mir fest vor, darauf zurückzukommen.

An einem der nächsten Tage ist es dann so weit. Es ist früher Abend, und ich bin allein im Büro. Meine Kollegen sind an diesem Winterabend bereits alle auf dem Heimweg. Ich bin bewusst länger geblieben, um den PC ungestört nutzen zu können, denn zu Hause habe ich keinen Computer.

Ich habe mir einen Tee gekocht, um mein Magengrummeln in den Griff zu bekommen, denn gut geht es mir nicht dabei. Ich weiß, dass es nur ein Klick ist. Aber ich weiß auch, dass es Folgen haben kann. Denn vielleicht hole ich damit meinen Vater aus dem Nichts, und was dann?

Ich bin nicht wirklich vorbereitet auf das, was dann kommen kann. Trotzdem rufe ich Nicole an, lasse mir die Zugangsdaten geben und lege los.

Und dann sehe ich vor mir die Facebook-Suchleiste und versuche, mich darauf einzustellen, dass sich eventuell mein Leben gleich mächtig verändern wird.

»Zoheir Deneche …«

Mit zittrigen Fingern tippe ich den Namen ein. Noch eine Sekunde lang zögere ich, bevor ich auf die Eingabetaste drücke.

Dann schließe ich die Augen. Ich brauche einen Moment Ruhe. Gleich werde ich vielleicht wissen, wo, irgendwo auf der Welt, mein Vater ist. Ich bin jetzt dreiunddreißig Jahre alt und lebe seit zwanzig Jahren mit dem Wissen, dass ich algerische Wurzeln habe.

Mein Herz rast so schnell, dass ich Sorge habe, einfach umzufallen, wenn ich das Ergebnis bekomme. Aber es muss sein. Ich wage es und lese – nichts, absolut nichts, was meinen Kenntnisstand verändert.

Alles, was das System ausspuckt, hat nichts mit meinem Vater zu tun. Es gibt niemanden, wirklich niemanden unter diesem Namen.

Einen Moment lang möchte ich einfach losheulen, so enttäuscht bin ich. Ich versuche es auch noch über Google und diverse andere Suchmaschinen und komme mal wieder keinen Schritt weiter. Es gibt zwar viele Menschen mit dem Nachnamen Deneche, aber keinerlei Hinweise, die für meine Suche hilfreich sind.

Ich bin genauso schlau wie damals in Weimar, als wir gebannt auf den Fernseher starrten und ich wirklich glaubte, dass sich mit dem Mauerfall auch mein Herzensthema klären ließe und ich meinen Vater auf dieser großen weiten Welt endlich finden würde.

Ich bin unendlich enttäuscht!

# Kapitel 7

»Wann warst du eigentlich das letzte Mal bei Facebook aktiv?«, fragt Nic und stupst mich in die Seite. »Soll ich dir meine Zugangsdaten geben? Ich bin jetzt auch dort aktiv.«

»In den letzten Monaten habe ich es nicht mehr versucht«, murmle ich. »Aber lass mal, es scheint diesen Mann nicht zu geben.«

»Tag für Tag kommen viele zigtausend Mitglieder dazu. Du musst es immer wieder versuchen«, macht Nic mir erneut Mut.

Wir sitzen zu zweit in ihrer Küche, naschen von ihrem selbst gemachten Kuchen, trinken duftenden Cappuccino und sprechen natürlich mal wieder über meine Vatersuche. So oft habe ich schon das Internet nach ihm durchforstet – ohne Ergebnis.

»Du weißt aber schon, dass das Netz immer weitere Kreise zieht, und irgendwann wird er wohl irgendwo auf der Welt sichtbar werden. Du musst nur abwarten und es immer wieder versuchen. Irgendwann macht es pling! – und du hast ihn. Irgendwann.«

Und während Nic das sagt, läuft im Radio mein Lieblingssong von Nena, den ich schon als junges Mädchen in der DDR immer so gern gehört habe, heimlich, im verbotenen Westradio.

*Irgendwie fängt irgendwann*
*Irgendwo die Zukunft an*
*Ich warte nicht mehr lang*
*Liebe wird aus Mut gemacht*

Leise summe ich den Refrain mit und denke: Ich bin mutig und werde irgendwie, irgendwo, irgendwann meinen Vater finden.

»Na, wenn das kein Zeichen ist …«, meint Nic und singt ebenfalls mit.

»Irgendwie fängt irgendwann, irgendwo die Zukunft an …« Sie tippt mir mit dem Zeigefinger an die Stirn und strahlt siegessicher. »Jetzt, meine Liebe, genau jetzt fängt die Zukunft an. Also komm, wir legen los und finden heute Papa … bei Facebook.«

Ich überlege kurz und nicke.

»Du hast ja recht. Also los, dann bin ich jetzt mal wieder mutig und werde nicht ›irgendwo, irgendwann und irgendwie‹ meinen Vater finden, sondern loslegen, und zwar jetzt!«

Und so sitzen wir beide mit unseren Kuchentellern an ihrem PC-Tischchen. Nic tippt die Zugangsdaten ein und schiebt mir die Tastatur zu.

»Hier, viel Glück. Ich hole uns noch was zum Naschen.«

Ich bin auch jetzt wieder furchtbar aufgeregt, als ich den Namen eintippe.

Die Hoffnung, irgendwann vielleicht zu wissen, wo er lebt, macht mich glücklich, aber auch ängstlich. Denn was kommt danach? Daran will ich allerdings noch gar nicht denken. Im Moment träume ich nur davon zu wissen, ob er überhaupt noch lebt. Denn auch das schoss mir kürzlich durch den Kopf: Mein Vater könnte ja längst verstorben sein, und ich würde dann nie mehr erfahren können, wer er war.

»Zoheir Deneche« tippe ich zum gefühlt hundertsten Mal in eine Suchleiste ein, und dann drücke ich die Eingabetaste.

Ich stecke mir gerade das letzte Stückchen Kuchen in den Mund, als ich einen Hustenanfall bekomme und mir schnell die Hand vor den Mund halte.

»Das gibt's doch nicht«, stammle ich und denke einen Moment lang, dass mein Herz streikt und ich ohnmächtig zusammenbreche.

Nic ist mit einem Satz bei mir und schaut mir aufgeregt über die Schulter.

Dann wird sie ganz ruhig.

»Doch, das gibt es«, sagt sie leise, und während ich vor Aufregung von meinem Stuhl hochspringe und nervös im Zimmer auf und ab laufe, liest sie ruhig vor, was sie sieht.

»Zoheir Deneche, Esther, hier steht der Name. Ich fasse es nicht. Der Mann hier heißt wirklich so. Wir haben ihn, Esther, wir haben deinen Vater!«

Ich starre auf den Bildschirm, und es ist wahr. Es gibt einen Zoheir Deneche. Ich kann nicht glauben, was ich sehe: Zoheir Deneche steht dort in dicken schwarzen Buchstaben als Account-Name.

Aber meine Freude währt nur kurz. Denn das Bild zeigt einen Mann, der ungefähr in meinem Alter ist. Und er lebt nicht in Algerien, sondern in Stockholm.

»Nic, das kann nicht mein Vater sein!«, sage ich schwer atmend und versuche, mich langsam wieder zu beruhigen. Und dann werde ich ganz traurig.

»Verdammt, ich dachte, ich hätte es geschafft!«

Enttäuscht sehe ich sie an. »Es wäre auch zu schön gewesen.«

Nic zieht das Profilfoto groß.

»Stimmt«, sagt sie. »Der Typ hier ist echt zu jung und lebt in Skandinavien. Das wäre schon ein irrer Zufall, wenn du mit ihm zu tun hättest.«

Sie legt mir liebevoll den Arm um die Schulter. »Aber komm, sei nicht zu enttäuscht. Du siehst doch, dass du immer ein kleines bisschen weiterkommst. Gut, er ist zu jung, aber immerhin ist es derselbe Name. Es kann ja jemand aus der Familie sein. Magst du nicht schreiben?«

»Warum denn? Hier, lies mal, er lebt in Stockholm, spricht Schwedisch, und dann steht da noch, dass er aus Italien kommt. Der hat nichts mit Algerien zu tun.«

Nic klickt sein Profil an. Es gibt nur wenige Einträge und drei Fotos.

»Er muss ganz neu bei Facebook sein«, meint sie und prüft das Datum. »Sieh mal, er ist erst seit einem Monat dabei.«

»Und was macht er in Stockholm?«

»Hier, hier steht ein Reinigungsunternehmen. Aber warte mal, die Optik, sie ist doch nicht schwedisch. Er sieht schon nordafrikanisch aus.«

Sie klickt ein Foto an, vergrößert es.

»Ich weiß nicht, er kann auch Italiener sein.«

»Ach was, das ist ein anderes Aussehen. Er könnte Marokkaner sein.«

Und dann sieht sie mich erwartungsfroh von der Seite an. »Oder aus Algerien kommen!«

Ich zucke bei dem Wort Algerien kurz zusammen.

»Und der Name passt auch.«

»Der kann doch ausgedacht sein«, werfe ich schnell ein. »Es geht nicht jeder mit Klarnamen zu Facebook.«

»Also haben wir nichts als einen vielleicht ausgedachten Namen. Na bravo!«

Ich lehne mich enttäuscht in Nics Bürostuhl zurück. »Von wegen, es geht voran. Ich bin echt enttäuscht. Ein bisschen mehr habe ich mir erhofft.«

»Hey, hey«, meint Nic da und drückt mich tröstend. »Wer aufgibt, hat bereits verloren. Ich gebe zu, wir haben nur einen Strohhalm in der Hand. Aber wir sollten den nutzen. Schreibe ihn einfach an. Vielleicht kennt er jemanden, der seinen Nachnamen trägt und aus Algerien kommt.«

»Mein Englisch ist nicht gut genug. Du weißt doch, wir haben im Osten Russisch gelernt. Ich kann mich nicht mit ihm unterhalten.«

»Warte mal.« Nic nimmt mir die Computermaus aus der Hand und positioniert den Curser auf der Rubrik Fremdsprachen. »Hier, er spricht fünf Fremdsprachen. Ihr kriegt das schon irgendwie hin. Schreib ihm eine Mail, und wir benutzen ein Übersetzungsprogramm.«

Dann sieht sie mich fast schon vorwurfsvoll an. »Was ist eigentlich los? Du präsentierst mir eine Ausrede nach der anderen. Wenn ich dich nicht so gut kennen würde, könnte ich glauben, du willst deinen Vater gar nicht finden.«

Nic ist mir eine Spur zu forsch und scheint meine Gedanken zu lesen.

»Ach, natürlich will ich das, aber doch nicht so«, sage ich leise. »Ich kann doch diesem fremden Mann nicht schreiben, ob er einen Mann in Algerien kennt, der so heißt wie er – und das noch in gebrochenem Englisch. Nee, das ist mir unangenehm.« Ich seufze.

»Weißt du was, ich brauche Zeit. Mir geht das jetzt zu schnell«, winde ich mich aus der Situation. »Ich weiß auch nicht, was ich schreiben sollte. ›Hallo, ich bin Esther und suche meinen Vater, von dem ich nur weiß, dass er so heißt wie Sie?‹ Ehrlich, das ist mir auch zu intim, und ich komme mir total doof dabei vor.«

Nic lässt mich von da an in Ruhe, aber ich sehe ihr an, dass sie mich nicht versteht.

»Macht ja nichts«, sagt sie versöhnlich. »Du hast Zeit und kannst das alles erst einmal verarbeiten. Immerhin gibt's ja eine Minispur.«

»Ich danke dir. Du bist große Klasse. Aber verzeih, ich fühle mich irgendwie überrumpelt.«

»Dann stellen wir das Biest mal ab«, sagt sie und loggt sich schnell aus.

Sie schneidet uns noch zwei Stück Kuchen ab und versucht, mich mit einem Gespräch über ihre neuesten Jobpläne auf andere Gedanken zu bringen. Doch das gelingt ihr nur scheinbar. Ich höre zwar zu und gebe mich interessiert, aber in Wahrheit sind meine Gedanken blockiert. Die Vorstellung, dass es jemanden mit dem Namen meines Vaters gibt, lässt mich nicht los.

Ich glaube, ich habe einfach Angst, enttäuscht zu werden. Was ist, wenn ich meinen Vater finde und er gar nicht gefunden werden will? Dann habe ich nichts mehr, nicht mal mehr meine Träume von einem liebenden Vater, und diese Vorstellung kann ich nicht ertragen.

Als ich später Torsten von meiner Spur erzähle, meint er, genau wie Nic, ich solle diesem Schweden auf jeden Fall schreiben.

»Du kannst diese Chance nicht einfach vorbeiziehen lassen«, sagt er und ist überrascht, dass ich nicht sofort aktiv geworden bin.

»Ich frage mich das selbst und komme auf die merkwürdigsten Antworten. Vielleicht finde ich es längst komfortabel, mir einen Vater auszudenken, und zwar einen ganz tollen.«

»Ja, aber vielleicht ist dir die Vorstellung von etwas Großem auch lieber als die vielleicht nur durchschnittliche Realität. Es ist leichter, sich einen Helden herbeizufantasieren. Der Kopf braucht keine Grenzen.«

»Daran habe ich auch schon gedacht. Was ist denn, wenn mein Vater ein Krimineller ist, der sein Leben weggeworfen hat? Wie fühle ich mich, wenn der Held meiner Träume jemand ist, den ich eigentlich verabscheue? Er könnte rücksichtslos sein, ein Widerling, der vielleicht in seinem Heimatland für kriegerischen

Aufruhr gesorgt hat. Anfang der neunziger Jahre tobte dort ein grausamer Bürgerkrieg.«

»Hast du vielleicht ein bisschen Angst vor der Wahrheit?«, will Torsten jetzt wissen.

Ich lächele ihn an. Es ist schön, dass er so wunderbar einfühlsam ist und in mir lesen kann wie in einem offenen Buch.

»Wenn ich ehrlich zu mir bin, muss ich sagen, dass es stimmt. Ich habe Angst vor der Wahrheit. Aber das gestehe ich mir nur in ganz besonderen Momenten ein.«

Torsten weiß es jetzt, aber anderen gegenüber verrate ich davon nichts. Stattdessen winde ich mich aus der Verantwortung und rede meine Entdeckung klein.

Da ich keinen eigenen Facebook-Account habe, komme ich auch nicht weiter in Versuchung, diesem Mann zu schreiben und für Klarheit zu sorgen. Ich kann mich also weiter wegducken.

»Wenn es dir hilft, ist es doch eine Lösung«, bringt Torsten es auf den Punkt. »Dann hast du deine Fantasien auf der einen Seite und einen Rettungsanker auf der anderen. Und wenn der Druck, deinen Vater zu finden, zu groß werden sollte, hättest du ja nun jemanden in der Hinterhand, den du ansprechen könntest.«

»Stimmt! Ich könnte also, wenn ich wollte. Aber ich habe mir meine eigene Welt zurechtgezimmert und komme momentan damit ganz gut zurecht.«

Torsten lächelt. Er versteht mich. Wie immer.

*

»Gibt es genetische Vorerkrankungen?«, möchte Dr. Berger wissen. Er ist ein hagerer Mann um die fünfzig, mit schütterem Haar und silberner Brille, und tritt genauso auf, wie man sich einen Mediziner vorstellt: freundlich, zugewandt, einfühlsam.

Ich bin in einer Kinderwunschklinik im Rheinland und habe dort bereits mein viertes Gespräch. Torsten und ich wünschen uns sehnlichst ein Kind. Aber ich habe hormonelle Probleme, die eine Empfängnis auf normalem Weg unmöglich machen, und deshalb wollen wir uns jetzt, zwei Jahre nach unserer Hochzeit, helfen lassen.

Das Thema Baby hat meine Vatersuche etwas in den Hintergrund gedrängt. Mein kleiner Facebook-Erfolg, der ja eigentlich gar keiner war, hat mich auf der einen Seite ermutigt weiterzusuchen, aber auf der anderen Seite auch gelähmt. Der Misserfolg in der Familienplanung setzt mir jetzt immer mehr zu. Ich kann zusätzlich keine weiteren Wahrheiten gebrauchen und lasse das Thema »Wo ist mein Vater?« ganz bewusst schlummern.

Doch in der Sprechstunde von Dr. Berger tritt dann genau das ein, was ich all die Jahre befürchtet habe: die Frage nach der Genetik. Gut, sie beschäftigt mich seit dem Tag, an dem ich durch Matthias die Wahrheit erfahren habe. Aber es ging dabei für mich immer um Fragen nach Aussehen und Charakter. Jetzt werde ich mit einer anderen Dimension konfrontiert: Was schlummert eigentlich in mir, im Guten und im Schlechten. Die Frage kommt also nicht unerwartet, trotzdem bin ich unsicher und zögere mit der Antwort.

Dr. Berger kann mein Verhalten nicht deuten und sieht mich fragend an.

»Meine Familiengeschichte ist etwas kompliziert«, steige ich vorsichtig ein. »Ich kenne nämlich meinen Vater nicht.«

»Was heißt das konkret?«

»Also ganz kurz, meine Mutter hat geheiratet, als ich ein Jahr alt war, hat ein weiteres Kind mit ihrem Mann bekommen, und ich bin in dieser Familie aufgewachsen.«

»Und Sie wissen nichts von Ihrem leiblichen Vater? Richtig?«, bringt Dr. Berger es auf den Punkt.

Ich nicke.

»Genau, nur dass er aus Algerien stammt, darüber hinaus weiß ich nichts von ihm, absolut nichts!«

»Ich verstehe!«, sagt Dr. Berger und lehnt sich zurück, um mir eine kurze Aufklärung zu geben. Mein Herz beginnt zu rasen, als er mir erklärt, wie sich meine unbekannte zweite Hälfte auf meinen künftigen Nachwuchs auswirken könne.

»Erbliche Faktoren spielen bei vielen Krankheiten eine Rolle«, erläutert Dr. Berger. »Wie hoch das Risiko für Nachkommen ist, lässt sich aber nicht pauschal sagen. Denn oft sind viele Gene im Spiel. Mitunter reicht jedoch auch die Mutation eines einzelnen Gens. Diese sogenannten monogenen Erbkrankheiten sind teils gut erforscht.«

»Was heißt das denn für mich?«

»Veränderte Gene lassen sich nicht reparieren, aber es hat Vorteile, das eigene Risiko zu kennen. Bei monogenen Veranlagungen für Krebserkrankungen kann man zum Beispiel durch engmaschige Vorsorge den Tumor frühzeitig entdecken und so den Krankheitsverlauf beeinflussen.«

»Ich weiß von Gentests!«, werfe ich ein.

»Genau, Gentests helfen, das eigene Risiko genauer zu bestimmen. Viele Allergien und Autoimmunerkrankungen treten oft familiär gehäuft auf. Wer seine Familiengeschichte kennt, über das Vorkommen oder die Häufung von Krankheiten informiert ist, kann eine sinnvolle Vorsorge treffen und eine angemessene Überwachung sicherstellen.«

»Und deshalb fragen Sie jetzt nach der Familienanamnese, nicht wahr?«, resümiere ich.

Dr. Berger nickt.

»Mit Blick auf Krankheiten, bei denen Gene einen großen Einfluss darauf haben, ob sie zum Ausbruch kommen, sollte man sein Risiko testen lassen.«

Kinder von Allergikern tragen ein deutlich größeres Risiko, selbst Allergiker zu werden. Das gilt auch für Asthma oder Diabetes und Neurodermitis. Auch Schizophrenie oder manisch-depressive Erkrankungen werden vererbt. Es ist also gut, möglichst viel von seinen Genen zu wissen.

Ich nicke und bin betroffen.

Es ist kein schönes Gefühl, nicht zu wissen, von wem die zweite Hälfte des eigenen Chromosomensatzes stammt, und damit auch nicht zu wissen, was sie beinhaltet. Es macht Angst, und man fühlt sich wie auf einem Pulverfass.

Dr. Berger scheint meine Gedanken zu lesen.

»Wir haben seit einiger Zeit die Möglichkeit, bestimmte Verfahren zu nutzen. Man kann dem aber auch durchaus kritisch gegenüberstehen. Ich möchte Sie nur aufklären.«

Als wir uns verabschieden, bin ich schon wesentlich ruhiger. Trotzdem setze ich mich noch am selben Abend an den PC und surfe mich durch die Wissenschaft.

Je mehr ich eintauche in diese Welt, desto unangenehmer fühlt es sich an. Ich kann eine genetische Hälfte von mir nicht zuordnen und fühle mich nicht mehr ganz, ja mehr noch, ein bisschen sogar wie fremdbestimmt. Was ist es, das da in mir schlummert? Wie steuert es mich, und was macht es aus mir? Oder ganz allgemein: Wer bin ich?

Eine Zeit lang bin ich verunsichert, dann wische ich meine Ängste weg. Ich möchte ein Baby. An meiner Situation kann ich nichts ändern. Es wird und darf meine Familienplanung nicht beeinflussen.

Aber innerlich wächst der Groll über das Verhalten meiner

Mutter. Würde sie offener sein, könnte ich Risiken ausschließen und mich besser auf das einstellen, was vor mir liegt: die künstliche Befruchtung.

Ich gehe das Risiko ein – und bin dann zwar nicht sofort, aber beim zweiten Versuch schwanger. Es ist ein unfassbares Glück für Torsten und mich, und von nun an male ich mir ständig aus, wie unser Kind aussehen wird. Sind meine nordafrikanischen Gene dominant? Ich habe keine Bilder von der Familie meines Vaters vor Augen. Wird mein Kind dunkle Augen und schwarze Locken haben? Ich bin so unfassbar gespannt und voller Vorfreude, und die Hormone scheinen mich sorglos und unbekümmert zu machen, zumindest äußerlich.

Doch innerlich habe ich viele Kämpfe auszufechten, denn die Schwangerschaft ist zwar unkompliziert, die Geburt allerdings nicht.

Das Baby ist schon neun Tage überfällig, und man empfiehlt mir die Geburtseinleitung. Doch dazu kommt es nicht mehr. Am Tag davor merke ich, dass sich mein Kind nicht mehr bewegt! Angespannt und voller Sorge rasen Torsten und ich in die Klinik. Unser kleines Mädchen kommt mit einem Notkaiserschnitt zur Welt, gibt danach aber keinen Ton von sich und wird direkt in eine andere Klinik auf die Intensivstation gebracht.

Ich liege in meinem Klinikbett, mein kleines Baby weit weg von mir, und Torsten pendelt zwischen seinen Mädchen hin und her. In meine Angst um das Leben der Kleinen mischt sich ab und zu auch die Angst hinsichtlich genetischer Fallstricke. Wenn man nicht weiß, was man genetisch weitergibt, ist alles möglich. Jeder Gedanke beginnt mit »Es könnte sein …«

Torsten versucht, mich in diesen belastenden Tagen zu beruhigen. »Sie ist wunderhübsch mit schwarzen Haaren und blaugrauen Augen und einfach ein wunderbares Baby«, schwärmt er. Aber ich bin immer noch unsicher, ob er mich nicht nur beruhigen will, und mache mir weiter große Sorgen um unsere Tochter.

Erst am dritten Tag kann ich sie sehen, unsere kleine Annika, schon ein bisschen aufgepäppelt und nach Aussage der Ärzte gesund. Mit ihrer hellen Haut kommt sie ganz nach dem Papa!

Ich bin selig, aber ich begreife auch, dass ich etwas ändern muss. Ich muss wissen, wer mein Vater ist, denn diese Unruhe, die mich in den vergangenen Monaten intensiver denn je gepackt hat, halte ich nicht mehr aus.

Plötzlich keimt ein Bedürfnis verstärkt in mir auf: Ich möchte den fehlenden Teil von mir endlich finden, meine Identität vervollständigen.

Es tut alles immer so weh. Wenn ich an meinen Vater denke, wechseln die Bilder und die Emotionen sich ab. Auf der einen Seite gibt es den verständnisvollen Helden, auf der anderen Seite einen Mann, der sich aus der Verantwortung stiehlt, einen, für den es ein Glück gewesen wäre, wenn es mich gar nicht gegeben hätte. Wie denkt er heute darüber?

Und über allem schwebt der Schmerz des »Nicht-haben-Wollens«, des »Verlassenseins«.

*

»Wir müssen bitte einmal reden!«

Torsten und ich sind bei meinen Eltern. Sie haben ihre kleine Enkeltochter in den vergangenen Monaten kaum gesehen, und so haben wir uns entschlossen, mit ihr nach Weimar zu fahren.

Wir sitzen zu viert am Esstisch. Bis vor Kurzem waren auch Jens und seine Lebensgefährtin Jasmin dabei. Die beiden sind übrigens fast zeitgleich ebenfalls Eltern eines kleinen Mädchens,

Amelie, geworden, und wir stellen uns vor, wie die Kinder später einmal miteinander spielen werden.

Es klappt übrigens insgesamt wieder ganz gut mit uns. Jens ist viel ruhiger und ausgeglichener als früher. Er arbeitet immer noch bei Coca-Cola und hat sich dort in eine Leitungsfunktion hochgearbeitet. Die kleine Familie lebt in einer hübschen Wohnung ganz in der Nähe meiner Eltern. Es geht ihnen gut, und ich freue mich ehrlich für sie. Unser Miteinander wird vermutlich nie mehr innig werden, aber wir kommen gut miteinander aus. Das ist wichtig. Ich habe gespürt, wie sehr mich Streit in der Familie belastet, und möchte das nicht noch einmal durchmachen.

Jetzt sind wir im kleinen Kreis, und ich möchte dringend ein ernstes und wichtiges Gespräch führen. Deshalb meine direkte Einleitung.

Mutti nickt.

»Ja klar …«, sagt sie. »Aber warte, ich hole uns noch etwas Leckeres.« Dann verschwindet sie in der Küche, um uns einen prächtigen Schneewittchenkuchen zu präsentieren.

»Garantiert selbst gebacken«, strahlt sie und schneidet den wirklich wie gemalt aussehenden Kuchen an.

Ich warte noch einen Moment, damit wir ihn alle erst genießen können, bevor es ernst wird. Annika schläft friedlich in der Trage. Im Hintergrund läuft klassische Musik. Die Stimmung ist freundlich und entspannt. Ideal für das Thema, das mir wie immer auf der Seele brennt.

»So, jetzt bin ich für dich da, was ist denn, Esther!«, sagt meine Mutter dann lächelnd und sieht mich erwartungsvoll an.

Ich räuspere mich etwas nervös, denn ich möchte passend einsteigen, da ich mir diesmal wirklich Antworten erhoffe. Es ist so viel Zeit vergangen: Meine Mutter wird genügend Abstand haben. Vielleicht ideal, um reinen Tisch zu machen und ihr zu sagen, wie sehr mir ihr Verhalten in Bezug auf meinen leiblichen Vater verletzt und zugesetzt hat.

Ich leide seit meinem dreizehnten Lebensjahr, und der Schmerz, diesen Mann weder zu kennen noch etwas über ihn zu wissen, zieht sich seitdem auf eine ganz ungesunde Weise durch mein Leben. Und ich möchte ihr auch von meinen Gedanken und dem Druck während der Schwangerschaft berichten. Ich möchte ihr offen sagen, wie wichtig mir das Thema ist und dass sie mir helfen kann, besser als bisher damit zurechtzukommen.

»Mutti, es geht um meinen leiblichen Vater!«, äußere ich nach einigen Momenten mit Nachdruck, aber doch auch vorsichtig.

Man kann sehen, wie meine Mutter innerlich erstarrt.

»Das muss doch jetzt wirklich nicht sein«, erwidert sie und steht kopfschüttelnd auf, um erneut in die Küche zu gehen. »Ich habe die Sahne vergessen«, murmelt sie im Hinausgehen.

»Aber Ingrid, jetzt bleib doch mal hier«, springt mir Torsten zur Seite. Doch Mutti reagiert nicht darauf, kommt aber wenige Augenblicke später mit einer Schale voll Schlagsahne zurück und setzt sich auch tatsächlich wieder zu uns.

»Esther, nun sieh doch mal«, sagt sie dann plötzlich ganz milde. »Ich habe dir alles gesagt, was ich über diesen Mann weiß. Du musst nicht mehr fragen, wirklich nicht.«

»Du hast mir einen Namen und die Nationalität genannt und mir ein Foto gegeben, das ich übrigens leider nicht mehr habe. Es ist auf ganz mysteriöse Weise verschwunden. Doch das ist eine andere Geschichte, die ich hier gar nicht besprechen will. Mutti, all das reicht doch nicht. Ich möchte einfach wissen, wie er war. Was für ein Mensch? Verstehst du das nicht?«

Ich sehe sie jetzt fast schon flehend an.

»Ich weiß, ihr wart nur sehr kurz zusammen, aber du musst doch trotzdem ein paar Dinge über ihn wissen. Ich möchte einfach nur hören, wie mein Vater war. Was er geliebt hat, worüber er lachen konnte, und wie er sich zum Beispiel beim Zusammensein mit anderen Menschen verhalten hat!? Dann weiß ich auch etwas mehr darüber, wer ich bin. Mutti, das ist mir wichtig. Warum erzählst du denn nicht ein bisschen von euch?«

Ich sehe Bernd an. Ist er der Grund für ihr Schweigen? Möchte sie ihm nicht wehtun?

Mutti scheint meine Gedanken zu lesen.

»Dein Vater hat damit nichts zu tun. Er kam ja erst ein paar Monate später in unser Leben.«

»Bernd und ich können auch rausgehen. Dann habt ihr Zeit für Mädelsgespräche«, versucht Torsten die Grundlage für ein offenes Gespräch zu schaffen. Aber auch sein lieb gemeinter Versuch verläuft im Sande.

Mutti nimmt ihm sofort den Wind aus den Segeln. »Nein, nein, ich habe keine Geheimnisse vor Bernd. Es gibt einfach nichts zu sagen.«

»Aber du warst doch verliebt, damals in Prag. Da müssen dir doch Szenen und Bilder in Erinnerung geblieben sein«, bohre ich weiter und sehe Muttis Gesicht an, dass ich auf Granit beiße.

»Das ist alles so lange her. Ich erinnere mich nicht«, windet sie sich mal wieder heraus.

»Mutti, ich glaube dir das nicht!«, widerspreche ich, und soweit ich weiß, ist es das erste Mal, dass ich meiner Mutter so etwas ins Gesicht sage – und entsprechend baff ist sie und schweigt.

»Sag mal, warum hast du mir eigentlich nichts gesagt?«, frage ich jetzt meinen Vater.

»Deine Mutter und ich, wir haben das gemeinsam so entschieden!«

»Ja, aber wann wolltet ihr mir denn die Wahrheit sagen? Habt ihr das auch besprochen?«

»Nie!«, wirft meine Mutter sofort ein. »Wir wollten dir das gar nicht sagen. Hätte sich dein Freund damals nicht verplappert, wärst du heute nicht so belastet. Das war doch alles nicht nötig.«

»Ihr hättet mir das wirklich nie gesagt?«, stammle ich ungläubig und sehe beide abwechselnd an. »Ihr hättet mich doch unmöglich lebenslang im Unklaren lassen können …!«

»Meinst du, es hätte dir etwas gefehlt? Du hast einen liebevollen Vater, der dich sehr liebt.«

»Aber Mutti, darum geht es doch nicht. Ich weiß, dass mich Vati liebt, und ich liebe ihn ja auch.«

Ich sehe nun meinen Vater an.

»Du hast in Opa Gustav auch einen wundervollen Vater gehabt, aber trotzdem habt ihr fünf Kinder immer nach eurem leiblichen Vater Ladislaus gesucht, in den letzten Jahren sogar richtige Ahnenforschung betrieben. Ich war ja häufig bei euren Gesprächen dabei.«

»Ja, und leider hat uns das alles nichts gebracht. Wir haben ihn nicht gefunden. Angeblich hat er eine große Firma gegründet, aber gesehen, nein, gesehen haben wir ihn nie wieder.«

»Du kannst doch aber am besten beurteilen, wie sehr man sich nach seinem Vater sehnt, nach dem leiblichen, obwohl es einem an nichts fehlt. Warum hast wenigstens du mich denn nicht unterstützt?«

Bernd zuckt mit den Schultern. »Ich glaube, ich habe es einfach ausgeblendet. Für mich war die Familie wichtig.«

»Das glaube ich, und wir sind auch eine gute Familie. Aber trotzdem möchte und muss ich doch wissen, wer mein leiblicher Vater ist. Das ist so wichtig für jeden Menschen, verstehst du das nicht?«

Jetzt schüttelt meine Mutter den Kopf.

»Nein, ich verstehe nicht, warum das so wichtig ist. Wir haben auch andere Themen, über die wir sprechen können.«

»Okay«, murmle ich.

Es ist sinnlos. Sie mauert weiter. Auch jetzt, sechsunddreißig Jahre nach meiner Geburt, will sie nichts sagen. Sie wird sich vermutlich niemals äußern. Irgendetwas gibt es in ihrer Vergangenheit, das ich nicht sehe. Denn etwas hält sie zurück, ehrlich mit mir zu sein, und ich muss versuchen, damit klarzukommen.

# Kapitel 8

Ich werde noch einmal Mutter. Drei Jahre nach Annikas dramatischer Geburt kommt unser Simon auf die Welt. Ich bin ganz normal schwanger geworden, und dieses Mal ist auch die Geburt ein Kinderspiel. Alles läuft planmäßig und völlig problemlos ab.

Nur meine manchmal aufkommende Unruhe bezüglich möglicher Krankheiten ist die gleiche wie bei Annika. Ich fürchte, dass ich niemals erfahren werde, wer mein Vater ist, und niemals wissen werde, welche Gene ich in mir trage.

Ich sehe meinen kleinen Simon und weiß nicht, was ich ihm vererbt habe. Vielleicht bekommt er die Nase seines nordafrikanischen Großvaters, wer weiß? Zumindest spielt sein Großvater eine größere Rolle als bei Annika. Denn Simon hat den berühmten »Schuss Kakao«, allerdings einen kleineren als ich. Doch die Augen und die Haare weisen deutlich auf Algerien hin.

Bestimmt werden mir noch viele Ärzte, auch Kinderärzte, Fragen nach der Familienanamnese stellen, und ich werde immer wieder meine Geschichte erzählen und auf meine Unwissenheit verweisen müssen.

In diesen Momenten, wenn ich mir mal wieder viele Fragen stelle, setze ich mich gern an den PC.

Meine Mädels haben mir mittlerweile alle erlaubt, ihre Facebook-Accounts zu nutzen, und auf diesem Weg sehe ich mir immer gern an, was dieser Mann in Schweden macht, der so heißt wie mein Vater.

Ich bin längst sein geheimer Stalker geworden und begleite

ihn durch die verschiedensten Stationen seines Lebens. Ich lese, dass Zoheir Deneche sich verliebt hat, heiratet, ein Kind bekommt. Ich sehe, dass er zum Urlaub in Südschweden ist, sich offenbar fortbildet und beruflich Karriere macht. Ich freue mich mit ihm über einen blutroten Sportflitzer, den er stolz präsentiert, und lese, dass er gern Boot fährt. Ich verfolge ihn, weil sich mit ihm mein letzter Hoffnungsschimmer verbindet.

Es ist nur sein Name, nichts weiter, und meine Anhänglichkeit ist mehr als unbegründet. Aber wenn ich mich neben meinen Fantasien noch irgendwie anders mit meinem Vater beschäftigen möchte, bleibt mir nur das übrig.

*

Wie sehr ich mich in diesem Wirrwarr bereits verloren habe, merke ich besonders deutlich, als ich mit meinen Freundinnen auf einen Kurzurlaub in Norderney bin. An einem der Abende sitzen wir in einem kleinen Restaurant am Wattenmeer, sehen aufs Meer und genießen nach dem deftigen Essen einen Grog. Die Stimmung ist entspannt, wir leicht angeschickert, und offenbar haben sich die drei Mädels vorgenommen, mir die Leviten zu lesen.

Nic macht ziemlich unvermittelt den Anfang: »Ich muss dir das jetzt einfach mal sagen: Ich verstehe nicht, warum du diesem Mann in Schweden nicht schreibst! Drei Zeilen würden ausreichen. Warum nutzt du diese Möglichkeit nicht?«

Bevor ich darauf antworten kann, steigt schon Anja ein. »Das stimmt wirklich, Esther. Wir bekommen doch jetzt seit Jahren mit, dass du dir nichts sehnlicher wünschst, als deinen Vater kennenzulernen. Du musst diese Chance einfach nutzen.«

Und Nicole rundet das »Beratungsgespräch« ab, indem sie

zustimmend nickt und »Die beiden haben recht, Esther« ergänzt. »Warum zögerst du? Das verstehen wir alle nicht …«

Ich sehe die drei lange an, schweigend. Denn ganz klar: Ich habe keine Antwort. Ich weiß nicht, warum ich es nicht schaffe, diesem Zoheir Deneche auf Facebook zu schreiben.

Ich traue mich auch nach all den Jahren nicht. Der Grund ist immer noch derselbe. Ich will dieses letzte Zipfelchen Hoffnung nicht aus der Hand geben. Und etwas anderes kommt noch hinzu: Ich habe ein bisschen Angst vor der fremden Kultur. In den Medien liest man so viel über Algerien und die politischen Konflikte dort. Es gibt Terroristen, Verbrecher, und ich weiß nicht, wer dieser Mann ist. Steche ich in ein Wespennest, was ich nicht abschätzen kann? Ich habe nicht viel von der Welt gesehen, bin gutgläubig und unerfahren. Auf wen lasse ich mich da ein? Mir fehlt also letztlich auch der Mut zu diesem Schritt.

Wir sprechen an diesem Abend nicht mehr lange über das Thema. Ich weiß einfach nicht genug dazu zu sagen. Stattdessen bestellen wir uns eine neue Runde leckeren Grog und genießen die unbeschwerte Zeit. Das tut gut.

Als ich zurück zu Hause Torsten davon erzähle, geht er gleich noch einen Schritt weiter.

»Lass uns einfach mal nach Stockholm fliegen und heimlich vorbeischauen«, schlägt er vor. Aber auch das traue ich mich nicht. Ich habe Angst, den falschen Leuten zu nahzukommen.

*

»Diplomingenieur Zoheir Deneche, geboren am 25.11.1948 in Constantine/Algerien …«

Ich traue meinen Augen kaum, als ich auf das Papier in meinen Händen sehe. Es ist aus dem Jahr 1978.

»Mutti?«, frage ich ungläubig und sehe sie überrascht an. »Was ist das?«

»Lies es dir ganz in Ruhe durch. Ich möchte, dass du es kennst.«

Meine Mutter lächelt mich an. Wir sind mal wieder in Weimar zu Besuch, sie hat uns den Kaffeetisch gedeckt und sitzt jetzt ganz vertraut mit mir zusammen, schenkt mir einen Kaffee ein.

»Ich hätte dich beim letzten Mal nicht so zurücklassen sollen. Das war falsch. Aber jetzt bekommst du, was ich noch habe.«

»Urteil im Namen des Volkes!«, steht ganz oben auf dem Papier, daneben das Aktenzeichen. Es geht tatsächlich um die Vaterschaftsfeststellung und die Unterhaltszahlung für mich.

Ich kann nicht sofort weiterlesen, so aufgeregt bin ich. Dieses Schriftstück kommt gerade so unerwartet.

Torsten ist mit meinem Vater und den Kindern in der Stadt, meine Mutter und ich haben entspannt geplaudert. Mitten im Gespräch ist sie dann aufgestanden, hat einen Ordner aus dem Schrank geholt und mir dieses vergilbte Dokument hingelegt mit dem Satz: »Hier, nimm das, dann hast du alles!«

Ich habe nicht im Entferntesten daran gedacht, dass sie jetzt mit so einem Papier kommt, und bin völlig unvorbereitet auf dieses für mich so brisante Thema, lese die ersten Zeilen und bin total überrumpelt. Viele Jahre habe ich meiner Mutter jede noch so kleine Information aus der Nase ziehen müssen, und jetzt – ich bin vierzig Jahre alt – steckt sie mir diese wichtigen Unterlagen einfach so zu.

Warum gerade heute? Ich frage nicht. Ich will das, was hier gerade passiert, nicht gefährden und die Gunst der Stunde nutzen.

Deshalb stelle ich keine Fragen, sondern lese nur, und aus den Augenwinkeln heraus bemerke ich, dass meine Mutter in den

Garten geht. Sie will mir Zeit lassen, aber ganz sicher will sie auch nicht, dass ich unbequeme Fragen stelle, und die drängen sich mir mit jeder Zeile auf, die ich neugierig und mit klopfendem Herzen verschlinge.

Mein Vater wird in diesem Schreiben verurteilt, mir regelmäßig Unterhalt zu bezahlen, erst einmal bis zu meinem zwölften Lebensjahr, später bis zu meiner »wirtschaftlichen Unabhängigkeit«.

Bis dahin ist alles nachvollziehbar. Aber warum gibt es eine Vaterschaftsfeststellung?

Das erfahre ich, als ich mit zittrigen Händen weiterlese. Und dann wird mir plötzlich ein bisschen klarer, warum meine Mutter bei dem Thema so abweisend ist. Mein Vater hat mich nicht als sein Kind anerkannt, und er begründet das auch. Dazu präsentiert er allerdings eine andere Geschichte als meine Mutter. Es gibt zwei Versionen, was in den entscheidenden Wochen 1973 passiert ist.

Meine Mutter erzählt die Geschichte so: Im Spätsommer 1973, genauer vom 29. August an, sei sie für vier Tage in Prag gewesen und habe am letzten Abend des Aufenthaltes meinen Vater kennengelernt. Man habe die Adressen ausgetauscht und ausgemacht, dass meine Mutter noch einmal nach Prag kommt. Drei Woche später habe sie in Weimar einen Brief von ihm erhalten mit dem Hinweis, dass er am 12. Oktober 1973 zurück in die Heimat muss, da sein Studium in Prag beendet sei. Meine Mutter sei daraufhin am 7. Oktober noch einmal nach Prag gereist und habe dann eine Nacht mit ihm verbracht, in der ich gezeugt worden sei. Sie hat die Nacht konkret angegeben: Es sei am 8. Oktober 1973 passiert.

Sechs Wochen später habe sie die Schwangerschaft festgestellt und ihm die Nachricht an die Adresse im algerischen Constantine zukommen lassen, die er ihr in Prag genannt hatte. Allerdings sei nie eine Antwort gekommen.

Erst vier Jahre später, als ihn die deutschen Behörden auf die Vaterschaft hin angeschrieben hätten, habe er geantwortet und behauptet, Anfang September 1973 noch gar nicht in Prag gewesen zu sein. Er könne sie also zu dem Zeitpunkt nicht kennengelernt haben. Das sei erst später, im Oktober 1973, passiert, und er habe zwar damals einmal mit meiner Mutter in einem Hotel geschlafen, sei aber danach noch ein ganzes Jahr in Prag geblieben und habe von ihr nie etwas von einer Schwangerschaft oder gar einer Geburt gehört. Das mache alles keinen Sinn. Er sei nicht der Vater und lehne jede Verantwortung ab.

Meine Mutter musste daraufhin anhand ihrer Einreisedaten und eines Briefes von ihm beweisen, dass ihre Aussagen allesamt korrekt sind. Da meine Mutter versicherte, im fraglichen Zeitraum keinen weiteren Sexualpartner gehabt zu haben, wird mein Vater in dem Schreiben von den deutschen Behörden als mein Vater anerkannt.

Immer wieder und wieder lese ich die Zeilen, und dann tropfen meine Tränen auf das Papier. Wie muss meine Mutter sich gefühlt haben? Er streitet alles ab, sogar ihren zweiten Brief mit einem Foto von mir als Baby. Unfassbar!

Sie ist als junges Mädchen in diese zauberhafte tschechische Stadt gefahren und hat sich auf unbeschwerte Tage gefreut. Ich sehe sie vor mir: Jung, schön und voller Lebenslust bummelt sie durch die kleinen verwinkelten Gassen Prags. Sie hat ihre Freundin Verena dabei – das hat sie mir einmal verraten –, und ich stelle mir vor, wie die beiden Mädchen, gerade achtzehn Jahre alt und in der für unsere DDR-Verhältnisse großen, weiten Welt, kichernd und eingehakt durch die Stadt schlendern, vorbei an kleinen Kneipen und Restaurants.

Es ist herrlich warm, die beiden haben wenig Geld und setzen sich, vielleicht mit einer Flasche Wein, an das Ufer der Moldau. Sie trinken und lachen, zwinkern auch übermütig Jungs zu. An diesem Abend gibt es am Moldauufer auch junge Musiker, die beliebte Hits nachspielen, es wird getanzt, Karten gespielt, in der Abendsonne gedöst. Die jungen Leute prosten sich zu.

Und irgendwann taucht dann dieser exotisch wirkende Mann mit seinen schwarzen Locken und den aufregend dunklen Augen auf, vermutlich auch in einer Gruppe mit anderen Studenten. Er hat sein Examen zu dem Zeitpunkt vermutlich schon in der Tasche oder wartet nur noch auf die Zensuren. Er ist entspannt, fröhlich, und sein Blick bleibt hängen an diesem hübschen deutschen Mädchen, das so wunderbar anmutig aussieht, wenn es lacht.

Ihre Blicke treffen sich. Ingrid berührt das Exotische, das Fremde, das bis dahin Unerreichbare. Ein mit Mitte zwanzig schon viel reiferer Mann aus der Ferne, aus dem Norden Afrikas. Das weckt Bilder von Safran, Kamelen, blauem Mittelmeerhimmel und Palmen, Bilder, die sie bislang nur aus dem Schulbuch kennt. Zoheir reizt das Unbekümmerte, das nur die Jugend verspricht, das Leichte, Lockere – und für die beiden versinken die Stadt, die Moldau, die Menschen um sie herum im Nichts.

Es müssen große Gefühle im Spiel gewesen sein, denn warum sonst hat er ihr später einen Brief in die DDR geschrieben? Warum sonst hat sie sich ein paar Wochen später wieder in den Zug gesetzt und ist allein nach Prag gefahren?

Die beiden hatten sich ineinander verliebt. Er, der bereits erfahrene Diplom-Prüfungsstudent, und sie, die kleine, gerade erst von der Schule abgegangene Studienanfängerin. Zwei Länder, zwei Kontinente, ein Herz. Es ist fast zu schön, um wahr zu sein.

Ich stelle mir vor, wie dann das Wiedersehen abgelaufen ist: Zoheir wartet am Hauptbahnhof in Prag ungeduldig auf seine große Liebe. Als der Zug einrauscht und sich die Türen öffnen, laufen sie sich entgegen, und dann ist es endlich so weit: Sie spüren sich. Sie fühlen die Wärme und sind sich einander so unendlich nah, wie es nur Menschen sein können, die frisch verliebt sind und eins werden wollen. Getragen von dem Traum, dass es für immer ist.

An diesem Tag wollen sie zusammen sein, nur sie beide. Ingrid hat ein kleines Hotelzimmer gemietet, um wenigstens für Stunden dieses große Glück genießen zu können. Sie lieben sich über alle Grenzen hinweg …

Ich sehe nun nachdenklich in den Garten, in dem meine Mutter die Rosen schneidet, und bin sicher, dass sie mich allein lässt, damit ich verarbeiten kann, was ich lese.

Unsere Blicke treffen sich. Ich lächle und winke ihr zu. Sie winkt zurück, sichtbar erleichtert, mich so gut gelaunt zu sehen.

Sie ist eine attraktive Frau. Mit ihren knapp sechzig Jahren immer noch schlank. Die dunklen, vollen Haare sind modisch kurz geschnitten. Die Art, wie sie sich bewegt und nach den Rosen greift, die Kraft, mit der sie auf den Spaten tritt, um ein Pflanzloch zu graben – all das lässt keinerlei Rückschlüsse zu, dass meine Mutter so alt ist, wie es auf dem Papier steht. Sie ist eine aktive, lebensbejahende Frau, die auf ein erfülltes Leben zurückblicken kann.

Aber damals, in dem Hotelzimmer, in den Armen dieses Mannes, hat sie sich ihr Leben bestimmt ganz anders vorgestellt. Wovon sie wohl geträumt haben mag, damals, als sie mit dem Kopf auf seiner Brust lag und sich ihm so nah fühlte. Sie hat zu dem Zeitpunkt schon gewusst, dass Zoheir eine gute Woche später bereits im Flugzeug Richtung Heimat sitzen würde. Was hat sie, was haben diese beiden Menschen damals gedacht?

Ich weine, weil mich all das so überwältigt.

»Sieh mal, ich habe diesen herrlichen Strauß geschnitten. Sehen die Rosen nicht wunderbar aus?« Meine Mutter steht vor mir und streckt mir die rote Pracht entgegen.

Sie ahnt nicht, wie sehr die Blumen zu meinen Gedanken passen.

»Ach, ich liebe Rosen«, erzählt sie, holt eine weiße Porzellanvase aus dem Schrank und drapiert liebevoll die Blumen darin. »Das liegt auch ein bisschen an unserer Heimatstadt, meinst du nicht? Sie wachsen doch hier in jedem Garten«, plaudert sie weiter fröhlich, und ich höre ihr fasziniert zu.

In Gedanken bin ich noch ganz bei dieser für mich so rührenden Liebesgeschichte.

»Ich setze uns noch einen Kaffee auf«, meint sie und ist auch schon wieder aus dem Zimmer. Nachdenklich sehe ich ihr nach. Was hat sie damals bloß durchgemacht?

Ich schließe noch einmal die Augen und tauche ab in die Vergangenheit. Sollte das wirklich die einzige Nacht für die beiden sein? Und wollten sie sich danach tatsächlich einfach gegenseitig aus den Herzen reißen? Ich kann das nicht glauben. Ich denke, sie haben darüber gesprochen und Pläne geschmiedet.

Vielleicht plante Zoheir ja, an die Prager Universität zurückzukehren. Oder wollte meine Mutter sogar versuchen, nach Algerien zu gelangen? Ich weiß gar nicht, ob wir das damals in der DDR überhaupt gedurft hätten. Vielleicht wollte Zoheir aber auch in die DDR kommen, um dort in der Forschung zu arbeiten? Es gab ja viele algerische Studenten und Arbeiter im Land. Er war ein erfolgreicher junger Mann mit einem gefragten Universitätsabschluss aus einer befreundeten Republik. Man hätte ihm garantiert eine Chance gegeben …

»Kommst du, wir können den Kaffee in der Küche trinken. Die Jungs sind bestimmt gleich zurück«, ruft Mutti jetzt.

»Komme«, antworte ich schnell und bin innerlich sehr aufgewühlt. Diese Papiere lassen mich nicht los. Sie sind ein ganz wichtiger Baustein meines Lebens, das ist so klar.

Meine Mutter hat recht. Kaum haben wir uns gesetzt, stehen auch Torsten und mein Vater mit den Kindern in der Tür. Der Alltag hat mich wieder.

Wir genießen noch den Kaffee im Kreis der Familie, Vati hat Plätzchen mitgebracht, und noch am selben Nachmittag sitzen wir im Auto und fahren wieder nach Hause.

Im Auto bleibt es bei Belanglosigkeiten, die mir guttun, weil sie mich ablenken. Ich brauche Zeit und Abstand, um das neue Wissen einzuordnen.

*

Auf der Autobahn Richtung Heimat schlafen die Kinder schnell ein. Ich vergewissere mich mit einem Blick nach hinten, dass sie wirklich beide in ihren Kindersitzen ganz fest träumen, und dann erzähle ich Torsten vom Inhalt der so wichtigen Unterlagen.

»Und was denkst du jetzt?«, möchte er wissen. »Glaubst du, sie hatten gemeinsame Pläne?«

»Ja, ich bin ganz sicher. Alles, was ich von Mutti weiß, spricht dafür. Sie ist gläubige Christin und viel zu konventionell eingestellt, um einfach nur mal mit jemandem Sex zu haben. Dafür fährt auch niemand stundenlang mit der Bahn über Ländergrenzen. Das kann man einfacher haben.«

Torsten nickt nachdenklich. »Für mich ist es am wahrscheinlichsten, dass dein Vater in die DDR kommen wollte. Da gab es doch jede Menge Abkommen, und außerdem ist sein Berufsfeld sehr interessant gewesen. Er ist doch Ingenieur. Solche Leute wurden gebraucht.«

»Das denke ich auch … Aber du weißt noch nicht alles.«

Bevor ich weiterspreche, sehe ich schnell noch einmal nach hinten. Die Kinder schlafen tief und fest.

»Mein Vater hat die Vaterschaft geleugnet! Erst als meine Mutter auf Feststellung geklagt hat, hat er sich geäußert. Nach vier Jahren!«

»Wie? Er hat gesagt, du seist nicht von ihm?«

»Erst hat er sich gar nicht gemeldet, und als die Behörden ihn angeschrieben haben, behauptete er schlichtweg, nicht der Vater zu sein.«

»Halt, warte mal«, unterbricht mich Torsten. »Was ist denn mit dem zweiten Brief von deiner Geburt. Du hast mir doch erzählt, dass deine Mutter deinen Vater auch über die Geburt informiert hat und eine Verwandte darauf mit einer sehr hässlichen Antwort reagiert hat.«

»Ja, stimmt. Das ist komisch, denn von diesem zweiten Brief stand nichts in dem Urteil.«

»Ob es ihn wirklich gegeben hat? Das sieht ja so aus, als ob sich deine Mutter das ausgedacht hat! Aber egal, gibt dieser Zoheir denn zu, überhaupt mit ihr geschlafen zu haben?«

»Ja, aber er leugnet die Vaterschaft.«

»Und nun?«

»Meine Mutter konnte die Beziehung anhand ihres Passes und eines Briefes von ihm nachweisen, und daraufhin hat das Gericht die Vaterschaft bestätigt und ihn dazu verdonnert, für mich Unterhalt zu zahlen.«

Torsten ist sichtlich bewegt von den Neuigkeiten.

»Also, ganz ehrlich, das ist ein richtig starkes Stück. Das klingt ja so, als ob er abtauchen wollte. Das wirft kein gutes Licht auf ihn.«

»Ganz bestimmt nicht. Und wie muss sich meine Mutter gefühlt haben. Sie macht ihre erste Reise allein, kommt prompt schwanger zurück, und der Vater des Kindes streitet alles ab.«

»Ja, und wie haben wohl deine Großeltern darauf reagiert?«

»Meine Großeltern haben sich bestimmt nicht allzu sehr darüber aufgeregt. Sie lieben Kinder.«

»Ich denke eher an die Enttäuschung. Sie ist schwanger, schreibt dem Mann, den sie liebt und mit dem sie vermutlich eine Zukunft geplant hat, einen Brief und bekommt keine Antwort. Er taucht einfach ab, und es bleibt ihr nichts anderes übrig, als später die Behörden einzuschalten und sich wenigstens noch die Genugtuung zu verschaffen, auf diesem Wege zu ihrem Recht zu kommen.«

»Auf dem Papier. Denn bezahlt hat er sicherlich nie.«

»Genau! Selbst diese Anerkennung hat er ihr verwehrt. Dabei hat er bestimmt gut verdient. Wenn ich so darüber nachdenke, verstehe ich langsam, dass deine Mutter am liebsten von dem Thema nichts mehr gehört hätte. Sie hat damals ihren Bernd kennengelernt, ihn geheiratet und – zack – den Deckel zugemacht«, räsoniert Torsten.

»Ja, ich glaube, das wäre ihr am liebsten gewesen. Verständlich. Aber sie hat mich dabei nicht berücksichtigt, und das wiederum tut mir weh.«

»Mag sein, aber umso interessanter ist es jetzt, die andere Seite zu hören. Du solltest deinem ›Stalking-Opfer‹ in Stockholm doch mal schreiben. Vielleicht kommt ja etwas dabei heraus.«

»Ach Schatz, nicht schon wieder. Ich mache mich doch nicht lächerlich und schreibe irgendwelchen wildfremden Männern.«

»Von denen du nicht weißt, ob sie wildfremd sind. Aber du musst es wissen. Ich will dich nicht beeinflussen …«

»Das weiß ich doch«, nehme ich ihm die Sorge und freue mich, dass er so engagiert weiterspricht.

»Ich finde es absolut nicht in Ordnung, dass deine Mutter dir so ein wichtiges Dokument erst nach vierzig Jahren gibt. Du hast so oft gefragt, und es kam lange so gut wie nichts. Ganz ehrlich, das verstehe ich nicht.«

»Ich auch nicht, und du kannst dir vorstellen, wie verärgert ich bin. Denn es steht ja auch eine Anschrift auf dem Urteil, und Mutti hat mir gegenüber immer behauptet, dass sie keine Adresse mehr hätte, und mich offenbar bewusst hingehalten. Aber weißt du, ich bin froh, dass ich nun überhaupt neue Informationen habe.«

»Das stimmt, doch du musst nun auch an diese Adresse schreiben.«

»Aber da wohnt doch längst jemand anderes. Sieh mal, das ist vierzig Jahre her.«

»Du hast mal wieder Angst vor dem Unbekannten, ich weiß«, meint Torsten.

»Und vor der Lawine, die ich lostrete. Ich weiß nicht, was da auf uns zukommt.«

Torsten sieht mich fragend an.

»Du zögerst? Ich verstehe dich, aber so löst du das Problem nicht.«

»Mama, wie lange noch!« Annika ist wach geworden und stellt die Frage, die wir bei jeder Autofahrt gefühlt hundertmal hören: »Wann sind wir endlich da?«

Die Familie hat uns wieder und holt mich blitzschnell aus der Vergangenheit in die Gegenwart.

# Kapitel 9

»Und, was machst du jetzt? Willst du nicht auch seine Sicht der Dinge kennen?«

Anja ist zu Besuch, und ich habe ihr soeben von der Vaterschaftsfeststellung erzählt.

»Weißt du, Esther, die Dinge sind manchmal ganz anders, als sie auf den ersten Blick scheinen. Du brauchst auch seine Version der Geschehnisse, sonst sitzt dir vielleicht ganz zu Unrecht ein Stachel in der Seele, der dich noch jahrelang schmerzen wird.«

Anja hat recht. Ich brauche jetzt mehr Gewissheit denn je, und wir beide reden uns so in Rage, dass wir uns sofort an den PC setzen und gemeinsam meine Vatersuche vorantreiben.

Ich schreibe einen Brief an die Stadtverwaltung von Constantine und lasse ihn mir sofort von einer Freundin ins Französische übersetzen. Dazu erstellen wir eine Liste von größeren Firmen in Algerien, die Leute mit der Ausbildung meines Vaters beschäftigen könnten, und wir schreiben Mails, in denen wir uns nach Zoheir Deneche erkundigen.

Und natürlich sehe ich auch wieder die Seite des schwedischen Namensbruders durch und verfolge, wie es ihm geht. Er hat zwischenzeitlich zwei Kinder und eine neue Wohnung. Zu süß, wie er mit den beiden Kleinen während eines Urlaubs am Meer herumtollt und seine Frau ihn dabei verliebt anlächelt. Er muss glücklich sein.

Ich mag diesen Mann und seine Familie. So sehen doch keine Verbrecher aus.

»Und?«, meint Anja. »Ein paar Zeilen würden unseren Abend abrunden ...«

Ich lächle. »Ich weiß, aber lass mal. Später vielleicht. Er ist mein letztes Ass im Ärmel. Wenn ich diese Karte ziehe, habe ich nichts mehr.«

*

Schlafen, ich möchte einfach nur schlafen. Es ist sechs Uhr in der Frühe, und der Wecker rappelt erbarmungslos. Eigentlich bin ich morgens nach einmal Durchatmen fit und einsatzfähig. Aber seit ein paar Wochen fällt es mir zunehmend schwer, überhaupt aus dem Bett zu kommen.

Ich schlafe schlecht, bin unkonzentriert und irgendwie ausgepowert. Offenbar kommt zu viel zusammen, mein Leben scheint mich zu überholen.

Nach Simons Geburt 2013 war ich ein Jahr in Elternzeit. Das hat mir gutgetan. Aber danach ist mir alles über den Kopf gewachsen. In der Firma hat man mich in eine neue Abteilung gesteckt, mit neuem Aufgabenfeld, neuen Kollegen und einem wesentlich größeren Arbeitspensum. Ich arbeite ständig länger als vorgesehen, dazu versorge ich zwei Kinder, manage den Haushalt, führe eine Ehe – und irgendwie legt sich dabei ganz langsam ein Schleier auf meine Seele.

Dazu kommt noch die Sache mit der Vaterschaftsfeststellung und die Erkenntnis, dass alles nicht so romantisch ist, wie ich es mir immer zurechtfantasiert habe. Seit einiger Zeit kann ich dabei zusehen, dass ich von Tag zu Tag schlapper, müder, ausgebrannter bin und das, was ich normalerweise schaffe, mir immer schwerer von der Hand geht.

Dazu quälen mich zunehmend Ängste. Gut, an meine Flugangst habe ich mich längst gewöhnt, sehr zum Leidwesen von Torsten. Aber wir haben eine Lösung gefunden. Um sein Fernweh zu stillen, fliegt er jedes Jahr mit seinen Freunden irgendwo in die Welt hinaus, während ich mit den Kindern in der Heimat bleibe. Ich steige nach wie vor in kein Flugzeug, allein die Vorstellung quält mich.

Aber es ist nicht nur die Flugangst. In den letzten Jahren haben meine Ängste dramatisch zugenommen. Ich steige auch konsequent in keinen Fahrstuhl mehr und meide jede Enge auf Festen. Volksfeste, Straßenumzüge, Schiebereien in überfüllten Urlaubsorten – nichts für mich. Und ich fürchte mich mittlerweile richtig vor Hunden, was besonders komisch ist, da ich ja mit einem Hund groß geworden bin. Meine Eltern haben sich im neuen Haus Molly, einen schwarz-weißen Mischlingshund zugelegt, und wir beide waren immer ein Herz und eine Seele. Aber seit einigen Jahren machen mir Hunde Angst, zumindest die großen fremden, die mir beim Spazierengehen häufig entgegenkommen.

Eine dieser von mir als solche empfundenen Bestien wohnt in meiner Nachbarschaft. Es ist ein Boxer, und wenn mir der Besitzer, ein sehr sympathischer Mann in meinem Alter, mit dem Hund entgegenkommt, wechsle ich grundsätzlich panisch die Straßenseite. Max, so heißt der Besitzer, ruft mir dann jedes Mal zu, dass der Hund friedlich ist und ich bitte auf dem Bürgersteig weitergehen soll, aber ich schaffe es nicht, ruhig zu bleiben, sondern bekomme Atemnot und Herzrasen und flitze, wie eine Verrückte keuchend, so schnell ich kann über die Straße. Es ist mir schon richtig peinlich, zumal mir Elvis noch nie besonders aggressiv vorkam.

Aber es ist nicht nur dieses Tier, das mich in die Flucht schlägt und mein Herz zum Poltern bringt. Manches Mal reicht schon der Gedanke an einen großen Hund, und ich spüre mein rasendes Herz, bekomme keine Luft mehr und muss sofort zurück nach Hause.

»Darum musst du dich kümmern«, meint Anja, als sie einmal so eine Szene mitbekommt. »Das ist schon extrem.« Das Wort »kümmern« macht mich nachdenklich. Ich kann nicht mehr alle Probleme verdrängen. Denn leider ist meine Angst vor Hunden bei Weitem nicht alles, was mich zusätzlich bedrückt.

Ich habe im Laufe der letzten Jahre noch eine Macke entwickelt: die Angst vor Krankheiten. Das klingt banal, ist es aber nicht. Bei mir reicht ein Husten, ein Zwicken, ein kleines Kneifen, und ich fühle mich todkrank und bin zutiefst verzweifelt, weil ich mir Gedanken mache, wie meine Kinder ohne Mutter und Torsten ohne Frau weiterleben sollen. Das wird dann manchmal so schlimm, dass ich entweder, ganz aufgelöst, mit Herzrasen und Atemnot reagiere oder völlig niedergeschlagen und mutlos bin und mich so in mein angebliches Leiden hineinsteigere, dass ich keinerlei Lebensfreude mehr empfinde.

Diese immer massiver auftretenden Ängste sind neu für mich. Ich bin eigentlich ein stabiler Mensch, der gefestigt durchs Leben geht. Aber auf einmal fühle ich mich fragil und manches Mal sogar ein bisschen hilflos. Ich weiß nicht, woran das liegt, und das wiederum setzt mir dann noch mehr zu.

Die viele Arbeit und der Alltagsstress scheinen jetzt das Fass zum Überlaufen gebracht zu haben. Dazu kommt noch ein aufwendiger Umzug. Denn wir bewohnen seit einiger Zeit eine herrliche Maisonettewohnung in Meerbusch, mit viel Licht und Platz für uns alle. Doch wie immer bedeutet das nicht nur Freude. Wir sind damit auch beträchtliche Verpflichtungen eingegangen.

Jedenfalls tanze ich nicht mehr, wie früher, mit dem Leben, sondern ich empfinde es neuerdings als eine riesengroße Last, tapse langsam, müde und zunehmend erschöpft durch den Tag, und heute scheint mir sogar das zu viel zu sein.

Ich möchte liegen bleiben, schlafen, keinen Stress und keinen Druck mehr aushalten müssen.

»Mama?« Annika steht in der Tür und sieht mich strafend an. »Mama, es ist schon halb sieben. Kommst du endlich?«

Auch Torsten blickt irritiert um die Ecke.

»Schatz, Simon ist schon wach. Er weiß nicht, was er heute in den Kindergarten anziehen soll!«

Ich schließe die Augen und motiviere mich, endlich ein Bein auf den Boden zu setzen und aufzustehen. Drei, zwei, eins, und los.

Es geht, aber in welchem Tempo. Und dann schleppe ich mich wie eine alte Frau ins Bad und spule fast schon teilnahmslos wie von einem unsichtbaren Band geführt mein Programm herunter. Anziehen. Frühstücken. Die Kinder fertig machen. Schminken. Los. Ich mache alles ganz ordentlich, aber ich bin nicht wirklich dabei. Ich fühle mich wie ein Roboter, bei dem man einen Programmknopf gedrückt hat. Aber wehe, es kommt etwas dazwischen. Darauf ist der Roboter Esther nicht programmiert.

Endlich im Büro angekommen, dreht sich alles um mich herum. Die Vorstellung, den Tag durchzuhalten, ängstigt mich. Ich bin nicht mehr die Alte.

Etwas muss sich ändern! Und zwar schnell.

*

»Sie brauchen eine Auszeit!« Meine Hausärztin Frau Dr. Stielow, eine junge, sehr schlanke Frau mit Lockenkopf und freundlichem Lächeln, hört sich heute meine Beschwerdeliste gar nicht mehr an. Kein Wunder, denn seit Monaten bin ich regelmäßig bei ihr und erzähle, wo es zwickt und zwackt, was mich quält und wie ich mich fühle.

Sie kennt mich mittlerweile sehr gut, und deshalb rückt sie heute gleich mit der Lösung heraus. »Ich kümmere mich um eine Mutter-Kind-Kur für Sie und Ihre Kinder. Sie müssen mal auftanken und raus aus dem Alltag!«

Ich nicke, hätte aber bei allem genickt, was sie mir vorschlägt. Mir fehlt die Kraft zum Widerstand.

Abends spreche ich mit Torsten über den Kurvorschlag, und er rät mir zu, meint aber, ich solle den Antrag zum Anlass nehmen, auch mit meinem Chef über das viel zu hohe Arbeitspensum zu sprechen. Ein Tipp, den ich schon am nächsten Tag umsetze.

Die Reaktion der Geschäftsleitung auf meinen Hinweis, überlastet zu sein, ist großartig, man verspricht mir sofort Hilfe. Aber es bleibt bei guten Worten und der Bitte um Geduld.

Als ich eines Tages mit Herzrasen am Schreibtisch zusammenbreche, ziehe ich die Notbremse. Ich warte nicht mehr ab: Ich kündige. Einfach so, ohne eine Alternative zu haben. Denn was bringen mir Karriere und Geld, wenn ich nicht mehr kann und krank werde?!

Aber bevor ich aus der Firma ausscheide, kann ich noch zur Kur fahren, genauer nach Horumersiel an die Nordsee. Ich bin überzeugt: Die Zeit wird mir neue Impulse geben, auch für meine Entwicklung im Job.

Die Kureinrichtung ist wunderschön, liegt direkt am Meer, und wir drei genießen es, den Strand, das Wasser, das völlig neue Leben auskosten zu können.

Die Kinder machen Sport und spielen viel, ich habe Anwendungen und kann die Seele baumeln lassen. Dazu kommen viele Stunden, die wir gemeinsam am Strand verbringen, und wunderbare Gespräche mit meiner Psychologin, Frau Hansen.

Sie ist eine gewinnende groß gewachsene, drahtige Frau mit frechem Kurzhaarschnitt und wach blitzenden Augen. Ihr Behandlungszimmer ist ungewöhnlich ansprechend mit weißen Holzmöbeln und einer riesengroßen, weiten Fensterfront mit Meerblick. Allein der Aufenthalt dort tut gut, aber in Kombination mit den intensiven Gesprächen ist es eine heilende Vitaminspritze.

Ich habe regelmäßige Einzelgespräche, kann mir in dieser Zeit alles von der Seele reden. Natürlich komme ich bei ihr sofort auf den Punkt und erzähle von meiner ungewöhnlichen Familiengeschichte und den Belastungen, die sie in mir ausgelöst hat.

»Warum brauche ich unbedingt diesen fremden Vater?«, frage ich sie. »Ich habe doch schon einen und könnte alles so lassen, wie es ist?«

»Das geht nicht«, sagt Frau Hansen. »Die Frage nach der eigenen Identität ist elementar. Jeder Mensch braucht den leiblichen Vater und die leibliche Mutter für ein ganzheitliches Selbstbild.«

»Ja, das glaube ich schon, aber ich habe eigentlich richtige Eltern, auch richtig gute ...«

Ich sehe aus dem Fenster auf das heute fast spiegelglatte Meer.

»Sie müssen wissen, ich hatte eine schöne Kindheit. Ich hatte alles.«

»Das ist wunderbar, aber Sie wissen ja jetzt, dass dies nicht die ganze Wahrheit ist. Sie haben eine Leerstelle in Ihrem Selbst.«

»Genau, und das setzt mir zu, vermutlich mehr, als ich wahrhaben will.«

»Ja, man hätte Ihnen helfen müssen, das Leben so zu meistern, wie es ist. Stattdessen hat man es Ihnen überlassen, so elementare Tatsachen einzuordnen. Ihre inneren Konflikte und schmerzhaften Erfahrungen sind nicht thematisiert worden, es war alles ein riesengroßes Tabu. Das macht Ihnen zu schaffen.«

Ich sehe Frau Hansen an. Sie trifft mit jedem ihrer Sätze ins Schwarze.

»Ich rate betroffenen Müttern immer, andere zu bitten, die Wahrheit auszusprechen«, erklärt sie jetzt weiter. »Wenn die Mütter es nicht schaffen, den betroffenen Kindern zu helfen, sollten es andere tun, zum Beispiel die Oma. Jedenfalls müssen Mütter regeln, dass ein Ansprechpartner da ist, der die Kinder durch Krisen begleitet.«

»Das heißt, Sie glauben, dass es ein langer Prozess ist?«

»Auf jeden Fall. Das Wissen über unsere Abstammung ist biologisch verankert und dient als Beweis unserer Existenz. Das fühlen Sie. Die Sehnsucht nach dem Vater, die bleibt deshalb für immer bestehen und kann Betroffenen massiv zusetzen, wenn sie sich nicht damit auseinandersetzen.«

»Wie meinen Sie das?«

»Die Sehnsucht belastet dauerhaft, und das bleibt nicht folgenlos. Betroffene Jungen reagieren als Erwachsene häufig hitzig, auch aggressiv. Mädchen orientieren sich nach innen, zeigen eher seelische Symptome mit psychosomatischen Erkrankungen wie Ängsten, Depressionen, Kontaktstörungen, Essproblemen, Migräne. Die offenen Fragen lösen eben viele Gefühle aus: Einsamkeit, Hoffnung, Enttäuschung. Aber auch Hass und Verzweiflung. Alles ist möglich.«

»Aber mir geht es doch eigentlich gut!«

»Das ist prima. Aber Sie sollten wissen, dass die Reaktionen ganz unterschiedlich sein können. Viele Betroffene verdrängen, verleugnen, entwickeln richtige Abwehrmechanismen, um nichts mehr zu spüren, um den Schmerz loszuwerden.«

»Und klappt das?«

Sie schüttelt den Kopf. »Leider nein.«

Ich seufze. »Sie meinen, die Sehnsucht bleibt?«

Frau Hansen nickt.

»Und sie macht erfinderisch. Es bauen sich kindliche Wunschfantasien auf. Der Vater lebt meist in einer herbeifantasierten Parallelwelt, wird idealisiert und mit wunderbaren Eigenschaften ausgestattet. Man schafft sich einen Helden, der allgegenwärtig ist und alles kann. Doch eines kann der Held nicht: Er heilt keine Wunden. Die Sehnsucht bleibt und wird irgendwann wieder zum Motor, um zu suchen. Und je länger die vergebliche Suche dauert, desto mehr zehrt sie an Körper und Seele.«

»Es ist so wahr, was Sie sagen«, murmle ich beeindruckt und nutze die Gelegenheit zur Offenheit. Ich erzähle, dass ich bis heute meinen Vater herbeifantasiere. Früher regelmäßig, immer dann, wenn ich mich nach einer starken Figur sehnte, die für mich da ist, mir hilft. Mittlerweile seltener, aber manchmal immer noch. »Ich denke ihn mir immer an meine Seite. Meinen Vater, derjenige, der mir beisteht. Er verkörpert die Eigenschaften, die man sich von einem Vater erhofft: Stärke, Sicherheit, Vertrauen, bedingungslose Liebe. Da ist jemand, der zu mir steht, immer, egal, was passiert.«

»Und suchen Sie auch genauso intensiv, wie Sie fantasieren?«

Die Frage schreckt mich auf, und ich brauche einen Moment, um sie zu beantworten.

»Ganz ehrlich, das glaube ich nicht. Die Konfrontation mit der Realität macht mir Angst, und ich zögere sie vermutlich unterbewusst etwas hinaus.«

»Auch das ist normal. Niemand will, dass Träume platzen. Aber das ist nicht richtig. Es ist letztlich heilsamer, eine Antwort zu haben, als lebenslang in einem Nebel herumzuirren. Und bis es so weit ist, sucht man sich Ventile, in der Karriere, in der Kreativität, häufig in etwas Exzessivem, besonders gern werden große soziale Netze geknüpft, um Hilfe bei der Verarbeitung des belastenden Problems zu haben.«

»Ich habe einen wunderbaren Mann und tolle Freunde, die mir zuhören und mir helfen.«

»Das ist gut. Leben Sie die Offenheit, die Ihnen als Kind gefehlt hat.«

»Meinen Sie, ich schaffe es?«

»Horchen Sie in sich hinein, erspüren Sie sich. Bei vielen wird der Leidensdruck so groß, dass sie eine Therapie beginnen und nur so lernen können, wer sie sind und wohin ihr Leben führt ...«

»Die Zeit hier am Meer hilft mir schon sehr«, sage ich ehrlich und bin froh, diesen Weg gegangen zu sein. »Ich glaube, anschließend bin ich einige Schritte weiter.«

*

Die Kur ist ein Volltreffer, dank der Gespräche mit Frau Hansen und dank ihrer wunderbaren Vorträge, aus denen ich viel mitnehme.

Ich lerne, nicht mehr für alles und jeden da sein zu wollen, das Wort »müssen« aus meinem Wortschatz zu verbannen und »Nein« zu sagen, wenn ich es für richtig halte. Ich lerne einen gesunden, positiven Egoismus und begreife, wie wichtig es ist, sich regelmäßig um sich selbst zu kümmern.

Die gesunde Meeresluft, die Distanz zu meinem Alltag, die Klarheit schafft, und das unbeschwerte Zusammensein mit meinen Kindern geben mir meine seelische Stabilität zurück.

Schön ist auch, dass Torsten ein paar Tage zu Besuch kommt und ich meine Familie in dieser heiteren, unbeschwerten Stimmung genießen kann.

Als ich wieder nach Hause und zur Arbeit zurückkehre, erwartet mich eine Riesenüberraschung. Ich bin eigentlich darauf eingestellt, nur noch ein paar Tage zu arbeiten – und dann einige meiner vielen neuen Pläne umzusetzen. Ich denke an eine Weiterbildung und sogar an einen ganz anderen, neuen Job, ja sogar an ein neuerliches Studium. Alles ist möglich, ich habe ja nun Zeit.

Aber es kommt alles ganz anders. Mein Chef bittet mich zu sich. Ich bin bis zum letzten Moment überzeugt, dass er sich von mir verabschieden will. Doch statt mir mein Zeugnis zu geben, bittet er mich, im Unternehmen zu bleiben, mit der Zusicherung, zügig an einer Lösung meines Problems zu arbeiten.

Ich bin erst baff, dann wirklich erfreut. Ich vertraue ihm und bleibe. Die Worte meiner Psychologin im Ohr, weiß ich, dass alles gut wird.

Und so kommt es, mein Arbeitsgebiet wird umstrukturiert und meine Geduld belohnt, denn ich wechsle wenig später auch wirklich wieder zurück in meine Marketingabteilung und arbeite wieder zusammen mit den Kollegen, die mir besonders viel bedeuten und teilweise zu Freunden geworden sind.

Mein Leben, es wird wieder rundum schön beziehungsweise könnte es sein, wenn nur die klaffende Wunde meiner unbekannten Identität väterlicherseits nicht wäre. Denn wie Frau Hansen gesagt hat: »Die Suche nach der eigenen Identität wird Sie nicht loslassen.«

Sie hat recht, zumal sich auf meine vielen Briefe und Mails absolut nichts getan hat.

*

Endlich Urlaub! Wir haben Sommerferien und fahren mal wieder zu meinen Eltern nach Weimar.

Ich liebe meine Heimat, möchte dort Freunde treffen, und

die Kinder sehnen sich nach unbeschwerten Tagen bei Oma und Opa. Die Voraussetzungen für die schönsten Wochen im Jahr sind großartig. Wir können in dem hübschen Apartment wohnen, das meine Eltern einst für Jens angebaut haben. Jetzt steht es leer, und wir haben alle wunderbar Platz dort.

Torsten und ich möchten nach einer Familienzeit noch ein paar Tage »auskneifen« und ganz allein an die Ostsee fahren. Danach geht's dann noch einmal zurück nach Weimar. Ich werde Zeit mit meinen Eltern verbringen, und Torsten möchte noch mit ein paar seiner Jungs in der Sächsischen Schweiz wandern.

Als wir ankommen, ist bereits alles liebevoll vorbereitet. Meine Eltern sind gute Gastgeber und freuen sich sichtlich, dass die Familie wieder zusammen ist. Auch Jens kommt mit seiner Lebensgefährtin zur Begrüßung vorbei. Die beiden haben mittlerweile zu ihrer Amelie noch die kleine Frieda bekommen, und wir bewundern das Baby und verbringen alle zusammen einen unbeschwerten Sommerabend im Garten.

Nach der ersten echten Wiedersehensfreude gehen wir früh schlafen und freuen uns am nächsten Tag auf ein ruhiges Frühstück mit meinen Eltern.

Doch es kommt ganz anders als geplant.

Da Ferien sind, lasse ich es langsam angehen, trödle nach dem Aufstehen noch ein wenig in meinem Schlafanzug herum und suche mit den Kindern die passende Kleidung aus den Koffern zusammen. Torsten sortiert gerade mitgebrachtes Spielzeug in die Schränke, als mein Vater plötzlich anklopft und sich in dem ganzen Durcheinander auf das Sofa setzt.

Er ist fröhlich, spricht von den Rühreiern, die meine Mutter gerade vorbereitet, und davon, dass sich Jens' Töchter prima entwickeln. Wir lachen, die Kinder albern, alles ist entspannt. Und plötzlich, für mich aus heiterem Himmel, sagt er einen völlig unpassenden Satz, so als wollte er schnell loswerden, was ihm auf der Seele brennt: »Ach übrigens, damit endlich Klarheit herrscht. Jens bekommt das Haus hier. Ihr habt ja eine schöne Wohnung in Meerbusch, und wir sparen für dich, Esther, auch noch etwas Geld an. Mit Jens ist alles schon besprochen.«

Ich habe gerade Simon gebeten, sich noch die Haare zu kämmen, und Annika den Gürtel für ihre neue Hose hinübergereicht – und bin jetzt völlig baff. So muss es sich anfühlen, wenn man jemandem einen eiskalten nassen Lappen ins Gesicht schlägt.

Ich sehe Torsten fragend an, aber auch er bringt keinen Ton heraus, wirkt erst überrumpelt und dann besorgt. Mir ist sofort klar, warum. Er weiß zu genau, was diese Worte in mir auslösen.

»Vati, weißt du, was das bedeutet?«, schießt es jetzt aus mir heraus.

»Ja natürlich, aber so passt es gut. Euch geht es doch prima.«

»Darum geht es nicht. Es geht darum, dass Jens mal wieder bevorzugt wird, so wie immer. Aber das ist nicht das Wichtigste. Hast du vergessen, dass es auch mein Elternhaus ist und dass auch ich etwas damit verbinde?«, versuche ich, ihm klarzumachen.

Mein Vater lässt sich jedoch darauf gar nicht ein.

»Ich bin jedenfalls froh, dass es jetzt heraus ist und wir alle wissen, woran wir sind«, meint er noch und gibt sich erleichtert. »Ich schau dann mal, was das Frühstück macht.«

Und damit steht er auf und geht.

Ich habe Mühe, mich zusammenzureißen. Die Kinder sollen nicht mitbekommen, wie schlecht es mir geht. Deshalb versuche ich, die Tränen zu unterdrücken, und gaukle so viel Normalität vor wie möglich.

»Ihr könnt schon mal zu Omi gehen«, meint Torsten, und

mit großem Freudengeschrei rennen die beiden die Stufen hoch ins Haupthaus, und ich setze mich zu Torsten und weine in seinen Armen.

Die ganzen Jahre habe ich mich nie wirklich gleichwertig gefühlt. Für meine Eltern zählte immer nur Jens. Warum wurde ihm alles verziehen, egal, wie er sich benahm, egal, was er anstellte? Und warum war bei mir immer alles zweitrangig, egal, was ich erreichte, egal, wie sehr ich mich bemühte?

Einbildung? Überempfindlichkeit? Nein, es stimmt, und angesichts dieser wenigen kurzen Sätze heute ist klar, was das bedeutet. Ich gehöre nicht wirklich zur Familie!

Meine Mutter war froh, dass Bernd den Makel des mitgebrachten Sommerliebe-Kindes ausglich. Aber spätestens mit Jens' Geburt gab es für meinen Vater dann ein vollwertiges und ein eben nicht vollwertiges Kind. Ich war da und auch nicht schlecht. Aber ich war nur ein Anhängsel.

»In der Politik spricht man von einem ›assimilierten Mitglied‹, wenn es ist kein vollwertiges ist«, schluchze ich und habe Mühe, mich zu beruhigen.

Torsten trocknet meine Tränen und bittet mich, mit zum Frühstück zu kommen, der Kinder wegen. Ich nicke und nehme mir vor, mich zusammenzureißen, so wie ich es immer getan habe.

Das Frühstück verläuft entsprechend. Wir tauschen Belanglosigkeiten aus, und ich tue so, als ob wir uns noch auf den gemeinsamen Abend freuen. Morgen fahren wir an die See. Ich will jetzt hier keinen Streit mehr anfangen.

Aber meine Eltern machen es mir schwer. Als ich am Nachmittag einen Gartenstuhl verrücke, pampt meine Mutter mich zu meinem ganzen Groll noch an, als wäre ich fünfzehn.

»Du musst aber mal lernen, wie man mit hochwertigen Möbeln umgeht. Die kann man nicht einfach so herumziehen.«

Ich höre die Stimme Frau Hansens wieder und denke an ihren so hilfreichen Appell: »Üben Sie, zu sich zu stehen. Seien Sie Sie selbst!« Sätze, die mir einmal geholfen haben und die ich in meinem Inneren festhalten will.

Ich bin kein Kind mehr, das man hin und her schubst, denke ich. Ich will das so alles nicht mehr und muss lernen, mich zu wehren und auf Augenhöhe zu kommunizieren.

»Mutti, ich bin kein Kind mehr und weiß sehr wohl, wie ich einen Stuhl tragen muss. Was soll denn dieser Ton!«, blocke ich ab und wundere mich selbst über die Schärfe in meiner Stimme. Vielleicht bin ich nur zu empfindlich, ich weiß es nicht, aber ich will einfach nicht mehr so weitermachen wie bisher.

Den gemeinsamen Abend ertrage ich nur noch mit Mühe. Ich will keinen großen Auftritt mit beleidigtem Getöse, aber ich merke mit jeder Stunde, die ich in meinem Elternhaus verbringe, dass hier für mich kein Platz mehr ist. Mein Vater hat mir zu verstehen gegeben, dass er mich doch nicht als seine Tochter sieht, und ich beginne, diese Wahrheit zu akzeptieren.

Von Minute zu Minute kühlt die Stimmung mehr ab, aber ich verliere nie die Fassung.

»Du machst das prima«, flüstert mir Torsten in einem unbeobachteten Moment ins Ohr, und es tut mir gut, dass er mich in diesen schwierigen Momenten immer mit den richtigen Sätzen und Gesten unterstützt.

Als wir beide am nächsten Tag abreisen und wie geplant an die See fahren, ist unser Miteinander eisig. Doch es ist mir egal. Ich bemühe mich nicht mehr, mich groß zu verstellen. Ich zeige, dass ich enttäuscht, traurig und zutiefst verletzt bin. Diese Familie, für die ich durchs Feuer gegangen wäre, will mich nicht haben. Das ist etwas, das ich jetzt endlich akzeptieren muss. Allerdings fällt es mir sehr schwer, unter diesen Bedingungen die

Kinder bei meinen Eltern zu lassen. Aber sie freuen sich sehr auf die Zeit bei Oma und Opa, und ich will ihnen das nicht kaputtmachen.

*

Die Tage am Meer bringen dann zwar keine Erleichterung, aber sie pusten mir den Kopf etwas frei. Es stimmt, was ich in der Kurklinik gelernt habe: Distanz schafft Klarheit. Man sieht sich von außen, und das tut gut. Ich sehe jetzt von einem sonnenbeschienenen Strand auf mein Leben und begreife, dass ich die Menschen nicht ändern kann, aber meine Einstellung. Ich muss anders leben und anders fühlen. Sonst gehe ich an dieser Konstellation kaputt.

Die vielen Gespräche mit Torsten helfen mir schließlich, eine Entscheidung zu treffen: Ich brauche dauerhaft Abstand. Diese Familie tut mir nicht gut. Ich möchte einfach nur zurück in mein eigenes schönes Zuhause.

Wir kehren schließlich nach einer Woche zurück, wollen aber nicht mehr, wie ursprünglich geplant, noch ein paar Tage bleiben, sondern lieber direkt mit den Kindern nach Hause fahren. Damit sie nicht merken, was los ist, schwindeln wir ihnen eine Begründung vor und besuchen noch schnell eine Freundin, um sie ein bisschen abzulenken.

Als wir nach diesem Besuch wieder auf das Grundstück fahren, um unser Gepäck zu holen, sind meine Eltern nicht mehr da; angeblich seien sie in der Stadt unterwegs. Mir ist klar, dass sie sich bewusst zurückgezogen haben. Sie wussten ja, wann wir da sein würden, und haben extra kurz vorher das Haus verlassen.

Es liegt nur ein Zettel da mit der Nachricht: »Den Wohnungsschlüssel in den Briefkasten werfen!«

Dem ist nichts hinzuzufügen.

Ich reagiere genauso kühl. Wir packen die Sachen ins Auto, und ich stecke meinen Hausschlüssel nach mehr als vierzig Jahren in den Briefkasten, versehen mit der Nachricht: »Lebt wohl. Ich wünsche euch noch ein schönes Leben mit eurem einzigen Kind!«

# Kapitel 10

Es geht mir schlecht. Zwar gehe ich wieder gern zur Arbeit, und auch mit Torsten und den Kindern ist alles prima, aber insgesamt fühle ich mich traurig und erschöpft.

Der Abbruch des Kontaktes zu meiner Familie setzt mir zu. Es ist, als ob eine offene Wunde in meinem Inneren klafft, das Messer noch drinsteckt und sie deshalb nie, nie heilen kann.

Ich liebe meine Familie und ertrage es einfach nicht, so ausgegrenzt und ausgestoßen zu werden. Es ist meine Seele, die deshalb furchtbar leidet.

Mein Kopf aber sagt etwas anderes: Du bist das Kind eines anderen und musst endlich damit klarkommen, dass du nicht wirklich zu dieser Familie gehörst. Es ist nur eine Hälfte, die dort hineinpasst und die man haben will. Die andere ist nicht gewünscht. Das klingt logisch, aber mein Herz nimmt diese Logik nicht an. Und so tobt in meinem Inneren ein Konflikt, der mir immer mehr zusetzt und Folgen zeigt.

Meine Müdigkeit und Schwäche, meine Ängste, alles wird trotz des anfänglichen Kurerfolges wieder schlimmer. Ich fühle mich wie in einem Boot, das schneller und schneller rast und auf einen Abgrund zusteuert.

»Ich glaube, es sind in erster Linie nicht Stress und Überforderung, die dir zusetzen. Du wirst nicht gesund, wenn du deine Vergangenheit nicht endlich klärst! Deine immer schlimmer werdenden Ängste hängen garantiert damit zusammen«, bringt es Torsten eines Tages mal wieder auf den Punkt.

Wir sitzen im Wohnzimmer und reden. Erneut geht es um mich, und Torsten sagt offen, wie besorgt er um mich sei.

Ich bin betroffen von seinen Worten, denn so unmittelbar in Not sehe ich mich nicht, und so unmittelbar habe ich auch diese Rückschlüsse nicht gezogen, dass meine Ängste die Folge meiner ungelösten Vatersuche sind. Ich habe eigentlich überhaupt keine Rückschlüsse gezogen und eher daran gedacht, dass es eben zum Leben dazugehört, Angst zu haben.

»Ich weiß nicht, ich fand die Vorstellung, in ein Flugzeug zu steigen, ja schon immer bedrohlich«, antworte ich unsicher.

»Und die Angst vor Fahrstühlen, Hunden und Krankheiten? Hast du die auch schon immer gehabt?«, bohrt Torsten weiter.

»Doch, ein wenig schon, aber sicherlich nicht so stark. Die Angst vor Hunden allerdings, vor Krankheiten, ich sehe da keinen Zusammenhang mit meiner Vatersuche.«

»Mag sein«, meint Torsten glasklar. »Aber deine Seele sieht das, und deshalb rebelliert sie. Sie braucht Hilfe und zeigt dir das mit diesen Reaktionen, und wenn ich mich recht entsinne, hast du genau das in der Kur auch gehört …«

»Na, Herr Doktor, gut aufgepasst und viel im Internet recherchiert?«, frotzle ich, und Torsten nickt.

»Ich habe mich eben fortgebildet, damit es meiner geliebten Frau bald besser geht, und das Internet liefert uns hellen Köpfchen wertvolle Informationen.«

»Spielst du darauf an, dass ich schon lange nicht mehr auf Facebook war?«

»Nein, nein, unserem Schweden schreibst du sowieso noch. Alles andere macht ja keinen Sinn. Aber ich denke, du solltest dir vorher Hilfe suchen.«

»Ach Schatz, meinst du wirklich?«, frage ich zögerlich.

»Ja, ganz ernst jetzt, mache eine Psychotherapie, in der du dir alles einmal von der Seele redest und ein Fachmann dir hilft, die Bausteine neu zusammenzusetzen und deine Gefühle zu sortieren.«

»Ich weiß nicht, ob das nötig ist!«, weiche ich erneut aus. »Ich bin doch nicht krank.«

»Krank nicht, aber verletzt. Und deshalb brauchst du Hilfe.«

»Professionelle?«, frage ich.

»Ja«, sagt Torsten bestimmt. »Denk doch mal daran, wie gut es dir ging, als du mit Frau Hansen in der Kurklinik sprechen konntest. Du hast damals so viel für dich mitgenommen.«

»Aber das war doch etwas ganz anderes«, werfe ich ein.

»Klar, es war auch eine andere Zeit. Da herrschte zwischen dir und deinen Eltern zumindest von außen betrachtet noch Friede, Freude, Eierkuchen. Heute sprecht ihr kein Wort mehr miteinander. Glaub mir, tief in dir passiert zu viel. Da hat sich ein Knoten gebildet, der zu eng verschlungen ist. Du kannst das allein nicht mehr aufdröseln.«

»Wie meinst du das?«

»Menschen tragen lebenslang an Erfahrungen, die sie in der Kindheit machen. Es ist nicht immer eine so schlimme Erfahrung wie zum Beispiel Missbrauch, der einer Seele zusetzt und sie teils lebenslang quält. Es gibt auch andere Erlebnisse, denen Kinder ausgesetzt sind und die später bei ihnen Ängste, Depressionen und weitere psychische Krankheiten auslösen können.«

»An was denkst du da?«

»An nichts Konkretes, aber wenn Dinge nicht aufgearbeitet sind, zeigen sich zwar Symptome, doch man kann sie nicht einordnen. Die Ärzte brauchen oft sehr lange, bis sie den tieferen Ursachen der Beschwerden auf den Grund gehen. Erwachsene, die jahrelang von Arzt zu Arzt laufen und vergebens Hilfe suchen, weil niemand nach ihrer Vergangenheit fragt: Sie erzählen von ihrer Schlaflosigkeit, den Ängsten, der inneren Unruhe und dem Gefühl, sich immer bedroht zu fühlen. Aber die wahre Ursache ist tief in ihnen vergraben und hat den Ursprung in der Kindheit – wie bei dir!«

Torsten nimmt meine Hand.

»Du hast gelernt, auch mal auf dich zu hören, erinnere dich. Aber das ist nur die erste Stufe deines Weges. Du musst noch weitere erklimmen. Glaub mir, ich bin fest davon überzeugt, dass dir eine Therapie guttun wird!«

Ich lehne meinen Kopf an seine Schulter. Vermutlich hat er recht. Ich muss aktiv werden und etwas tun, damit ich lerne, mit meinen Gefühlen und mit meiner Familiensituation richtig umzugehen.

*

Die Therapeutin Frau Dr. Wille ist in meinem Alter, sehr flott, sehr offen, jemand, dem die Herzen zufliegen. Ich bin vom ersten Moment an begeistert von dieser Frau, die mit mir jetzt mein Leben aufräumen wird.

Sie hält auch gleich eine Herausforderung für mich bereit: Ella, eine wuschelige Hündin, die im Körbchen neben ihrem Schreibtisch sitzt, aber sofort auf mich zukommt, als ich den Praxisraum betrete. Ich lasse es zu und denke daran, gleich meine erste Übung zu meistern und meine Angst vor dem Vierbeiner in den Griff zu bekommen. Es klappt, von meinem Herzrasen, dem Schweißausbruch und der Atemnot abgesehen.

»Komm Ella, zurück ins Körbchen«, ruft Frau Dr. Wille und schickt das niedliche Hundemädchen auf seinen Platz. Ich bin erleichtert, sehr sogar, aber auch ein kleines bisschen stolz, die Situation durchgestanden zu haben.

Frau Dr. Wille hat für mich etwas Handfestes, obwohl sie ein sehr filigraner Typ ist, zart, schlank, mit locker hochgestecktem blondem Haar und einer verspielten Goldbrille.

Ich bin auf Empfehlung meines Mannes bei ihr, mag sie und vertraue ihr – und gemeinsam entwickeln wir einen auf mich abgestimmten Plan. Ich schildere nur kurz, was mir zu schaffen macht, und Frau Dr. Wille stellt mir eine Mischung aus Einzelstunden und einer wöchentlichen Gruppenstunde zusammen. Ein Programm, das mich sofort überzeugt.

In der Einzelstunde spreche ich unter vier Augen aus, was mich bedrückt.

»Es gibt immer zwei Seiten, die der Mutter und die der Tochter. Mütter werden mit einem Mann konfrontiert, den sie aus ihrem Leben und auch aus der Erinnerung verbannen wollen, aus Wut, weil er sie verlassen hat, aus Scham, weil sie ein uneheliches Kind haben, vielleicht hat er sie misshandelt, bloßgestellt, betrogen. Vielleicht blieb auch nur die große Liebe unerfüllt. Die Gründe sind vielfältig. Das dürfen Sie nicht vergessen. Es geht um Sie, Esther, aber nicht nur um Sie.«

»Ich weiß«, nicke ich zustimmend.

»Sie als Tochter reißen mit den Fragen Wunden auf, die nicht vernarbt sind. Verstehen Sie, es ist ein komplexes Wechselspiel.«

»Inwiefern?«

»Sehen Sie, der eine Part deckt eine Wahrheit zu, und es ist genau die, die der andere Part unbedingt aufdecken will. Man kann bei dieser Thematik die beiden Akteurinnen nicht voneinander trennen. Sie sind fest miteinander verwoben.«

»Und wer handelt richtig?«

»Darum geht es gar nicht. Es gibt kein Richtig oder Falsch. Zumal für beide das Thema existenziell ist. Es ist eine lebenswichtige Frage, die niemand einfach von sich schieben kann.«

»Wie meinen Sie das?«

»Vereinfacht: Für die Mutter ist die Lüge wichtig, für die Tochter die Wahrheit, und daraus resultiert ein tiefer Mutter-Tochter-Konflikt. Er lässt sich sogar weitreichend erklären. Es geht um zwei Grundrechte, die sich hier beharken. Auf der einen Seite das Recht auf Selbstbestimmung. Warum muss die Mutter auspacken, was sie nicht will? Auf der anderen Seite das Recht, die eigenen Wurzeln zu kennen. Warum soll man das aufgeben?«

Frau Dr. Wille nippt an ihrem Tee, bevor sie erneut weit ausholt. »Ich weiß nicht, wie es bei Ihrer Mutter war, deshalb schildere ich es grundsätzlich. Eine uneheliche Schwangerschaft gilt in vielen Kulturen als große Schande, oft folgt ein gesellschaftlicher Spießrutenlauf. In den fünfziger Jahren war das auch bei uns noch so. Heute ist das überwunden, die Toleranz ist viel größer. Es ist wichtiger, dass das Kind gesund zur Welt kommt, als einen registrierten Vater zu haben. Es geht nicht mehr um Schande, aber um verpasste Chancen. Frauen denken bei einer unerwarteten Schwangerschaft an einen schweren Fehler, sie glauben, sie hätten Schuld, dass ihr Leben anders verläuft, sie bestimmte Dinge wie eine Ausbildung, ein Studium, einen Umzug nicht mehr machen können. Träume zerplatzen wie Seifenblasen. Ihr Lebensplan ist urplötzlich auf den Kopf gestellt. Viele Frauen werfen sich das dauerhaft vor.

Aber es gibt auch andere Nöte. Zum Beispiel die der Geliebten, die ein Kind bekommt und den Vater schützen muss, weil er verheiratet ist. Das tut weh! Wer das Kind behält, löst das Problem mit Schweigen oder Lügen. Es gibt einige prominente Frauen, die partout nicht verraten, wer der Vater ihres Kindes ist. Es geht ja um eine unmoralische sexuelle Begegnung, die Verletzungen auf vielen Seiten hervorrufen kann. Wer dann einen Mann findet und heiratet, entgeht dem Problem.«

»Und wo sehen Sie Parallelen zu mir?«

»All das lässt verstehen, warum Mütter schweigen und sich im Laufe der Jahre so verhärten, dass sie die Not und den Schmerz ihrer Kinder nicht sehen, nicht wahrnehmen, sie mit ihren Fragen alleinlassen.«

»Handeln sie dann nicht egoistisch?«

»Nein, es geht ihnen dabei nicht nur um sich. Sie wollen auch den Kindern die Schande ersparen.«

»Indem sie schweigen?«

»Nicht immer bewusst. Sehen Sie, die Seele kann Unangenehmes und Schmerzhaftes so weit wegschieben, dass es ins Unterbewusstsein verschwindet: Es wird verdrängt.

Das kann so weit gehen, dass man die Wahrheit ›abspaltet‹, und es wirklich nicht mehr real ist. Man kann Teile des Lebens abspalten und weiterleben, als gäbe es sie nicht. Sie sind wunderbare liebevolle Mütter, nur bei besagtem Thema schalten sie weg, reagieren und empfinden nichts.«

»Kann das bei meiner Mutter auch sein?«

»Es ist auf den konkreten Fall bezogen schwer zu sagen. Ich versuche nur, Ihnen die Situation aufzuzeigen.«

Sie lächelt.

»Menschen sind komplex, und häufig sind Dinge anders, als sie erscheinen.«

Ich nicke.

»Deshalb wirken die Mütter ihren Kindern gegenüber so hart, so unerbittlich. Sie reagieren nicht auf das Weinen, das Flehen, das Bitten. Sie schalten auf stur und nehmen sogar Funkstille in Kauf.«

»Ja, das kenne ich.«

»Genau, und dabei geht es um das über die Krise hinweg gerettete oder neu aufgebaute Selbstwertgefühl. Die Mütter spüren, dass sie das erhalten müssen, um nicht unterzugehen. Die Angst vor den Gefühlen von ›damals‹ ist so groß, dass sie weiter in ihrer eigenen Welt leben wollen.«

»Und die vielen Fragen?«

»Genau, es sind Fragen ausgerechnet von dem Menschen, den man so sehr liebt, für den man alles auf sich genommen hat. Und dieser Mensch belastet einen dann noch mit seiner in ihren Augen total ›dämlichen‹ Suche nach der Wahrheit.«

»Aber man muss die Wahrheit doch kennen!«

»*Sie* glauben das. Aber die Wahrheit kann zur Bedrohung werden. Wenn man alles verschweigt, dann gibt es das nicht, und die Welt wirkt heil. Erst ausgesprochen wird dies alles ungewollte Realität. Deshalb ertragen betroffene Mütter besser die Funkstille als die Konfrontation.«

Sie nippt wieder an ihrem Tee, bevor sie weiterspricht.

»Die ständigen Fragen bringen das schöne, neue Leben ständig in Gefahr, gefährden die Stabilität. Das wird als Bedrohung empfunden, und es ist in ihren Augen daher besser dichtzumachen, sich zurückzuziehen. Das nächste Problem ist allerdings dann, dass man damit nicht nur die Vergangenheit, sondern, in Ihrem Fall, auch die Tochter abwehrt. Denn die ist verletzt und zieht sich ebenfalls zurück, weil es für eine Tochter verwirrend ist, wenn die eigenen Gefühle zurückgewiesen und verleugnet werden … Sie spüren, dass Sie etwas fühlen, das nicht gut und richtig ist, und das sorgt für eine tiefe innere Verunsicherung. Das Kind kann seinen eigenen Gefühlen nicht trauen. Angeblich sind die falsch oder Fantasieprodukte.«

»Ja, genau so habe ich es immer empfunden«, werfe ich ein und genieße es, dass sie die Dinge auf den Punkt bringt. Auch als sie weiterspricht: »Heraus kommt eine tiefe Verunsicherung, ein innerer Rückzug, Ängste, das Gefühl der Verlassenheit. Die Kinder ziehen sich in ihre eigene Welt zurück, bauen Fantasien auf, leben oft in einer Parallelwelt mit Freunden und reagieren mal mit Wut und Aggression, mal mit Anpassung und dem berühmten »Brav-Sein« in der Hoffnung, dann nicht noch ganz verlassen zu werden und wenigstens noch ein bisschen Liebe abzubekommen.«

Ich habe Tränen in den Augen, weil ich mich so sehr in ihren Worten wiederfinde.

»Brauchen Sie eine Pause?«, fragt Frau Dr. Wille leise.

Ich schüttle den Kopf. »Geht schon, aber es ist komisch, wenn man plötzlich hört, dass man genauso empfunden hat.«

Ich sehe Frau Dr. Wille an.

»Sie haben die Wahrheit auf den Kopf getroffen.«

Sie lächelt.

»Menschen sind einschätzbare Wesen. Was Sie gerade gehört haben, ist das gängige Verhalten.«

»Wirklich?«

»Oh ja, Ihre Gefühle, von denen Sie viele Jahr, ach Jahrzehnte, geglaubt haben, dass sie falsch wären, sind ganz normal. Es ist ein schwerer Schock, von der Mutter, den Eltern belogen zu werden, ein Schock, der das Urvertrauen erschüttert.«

»Ja, ich hatte damals das Gefühl in meine Einzelteile zu zerbrechen.«

»Das ist ganz normal, denn zur lebensnotwendigen Identitätsfindung muss man wissen, woher man kommt, wo die Wurzeln sind. Sie wollten wissen: Wer gehört zu mir? Wo gehöre ich hin? Und genau das hat man Ihnen verwehrt.«

»Das hat in mir einen ungeheuren Druck aufgebaut.«

»Ganz klar, und über die Folgen, die das hatte, haben wir schon gesprochen. Aber mittlerweile sind Sie Ihrem Schicksal ja auf die Spur gekommen. Sie haben das Rätsel fast gelöst. Übrigens ein wunderbarer Erfolg.«

»Danke, aber die Situation mit meinen Eltern ist trotzdem schwer. Ich liebe meine Eltern und möchte mit ihnen nicht in Streit leben. Über die Jahre ist so viel kaputtgegangen.«

»Sie möchten es wieder ganz und heil haben, jetzt, mit dem Wissen von heute? Nicht wahr?«

»Genau.«

»Hilfreich ist es, den Druck abzubauen und sich auch in die Mutter hineinzufühlen. Wenn Sie es schaffen, sie ebenfalls als Opfer zu sehen, können Sie sich besser mit der Situation arrangieren. Aber Ihre Mutter muss auch etwas ändern: Sie muss erkennen, dass sie sich selbst belogen hat und ihre künstlich erzeugte Welt nicht mehr aufrechterhalten kann.«

»Und wie soll ich das hinbekommen?«

»Ich denke, was hilft, ist ein vertrauensvolles, wohlwollendes Mutter-Tochter-Gespräch. Es bringt nichts, das Leiden zu verlängern. Die Realität ist, wie sie ist. Wir müssen sie alle annehmen, Verluste akzeptieren. Es geht nur noch darum, wie man damit umgeht und wie man die Defizite aufwiegt.«

Auf der Basis dieser wunderbaren Therapiestunde machen wir weiter. Ich gehe zweimal im Monat zu ihr und spreche mir meine Gefühle von der Seele.

Frau Dr. Wille hakt nach, wenn ich oberflächlich werde, und führt mich mit gezielten Fragen ganz allmählich dahin, wo es wehtut, wo ich etwas verstehen, lernen und ändern kann.

Sie wertet nicht, wenn ich von meinen Eltern erzähle und dem Gefühl, von ihnen ausgegrenzt worden zu sein. Sie lässt mich reden und führt mich langsam zu den Schnittstellen, die unsere Krisen ausgelöst haben. Das ist häufig schmerzhaft für mich, besonders, wenn ich vermutlich falsch reagiert habe, denn das ist auch passiert. Ich habe mich sicherlich auch nicht immer einwandfrei verhalten. Manche Dinge, die mich an ihnen störten, haben vielleicht die Ursache in meinem Verhalten.

Auch das muss ich lernen, mich selbst kritisch zu sehen und zu erkennen, was für Dominoeffekte ich mit meinem Verhalten auslösen kann.

Nach jeder Therapiesitzung bin ich körperlich und seelisch erschöpft. Es strengt an, sich mit sich selbst auseinanderzusetzen.

In der Gruppentherapie, wir sind zehn Frauen von Ende zwanzig bis Ende sechzig, halten wir uns gegenseitig den Spiegel vor. Eine von uns Teilnehmerinnen spricht unter der Moderation von Frau Dr. Wille, und die anderen hören zu, geben Tipps, erkennen sich in den jeweiligen Schilderungen wieder. Das ist auf der einen Seite manchmal entlastend, weil man einen Konflikt wegschieben kann mit den Worten: Das bin ich nicht! Gott sei Dank! Aber man konfrontiert sich auch oft unmittelbar mit der fremden Situation, fragt sich: Wie hätte ich in so einer Lage reagiert? Was hätte ich anders gemacht?

Solche Selbstreflexionen sind ungeheuer hilfreich. Außerdem tut es gut zu wissen, dass man nicht allein ist mit seinen Problemen.

»Die Gewissheit, dass andere Menschen auch leiden, relativiert das eigene zu schulternde ›Päckchen‹ und sorgt dafür, dass man sich nicht zu wichtig nimmt«, vertraue ich einmal Torsten an und fühle mich auf einem richtig guten Weg.

»Man sieht dir an, dass du viel Müll wegräumst«, bestätigt er mich. »Du wirkst gelöst und zufrieden. Aber man spürt auch, dass es extrem in dir arbeitet.«

Es stimmt. Ich fühle mich von Monat zu Monat besser.

In den Gruppentherapie-Stunden spreche ich über vierzig Jahre Leben mit schönen und weniger schönen Momenten. Ich erzähle von meinem alles überlagernden Familienkonflikt mit einem Vater, der mich nicht wollte, und der dazu geführt hat, dass unsere Familie zerrissen ist. Ich packe aus und berichte von meinen daraus erwachsenen Ängsten, die mir immer mehr die Kehle zudrücken und mein Leben lähmen, das eigentlich ein schönes ist, mit einer glücklichen Kindheit, einem liebevollen Mann, wunderbaren Kindern, einem tollen sozialen Umfeld und erfolgreichen Jobstationen.

Ich lerne, alles zu verbalisieren, ohne Scham. Ich spreche aus, dass ich einen Vater habe, der mich nicht wollte. Ich lerne, so zu sein, wie ich bin, mit meinen ganzen Schwächen, vielleicht häufig auch etwas zu empfindlich, und meinen Stärken. Ich erzähle sogar von meinen Träumen und den vielen Fantasien, die sich rund um meinen Vater ranken, dem ich in all den Jahren nicht begegnen durfte.

Und in den vielen Stunden dazwischen denke ich nach, ordne ein, sortiere. Es ist, als ob man ein großes Haus aufräumt, alles wegwirft, was man nicht mehr braucht, und die schönen, wertvollen Sachen neu platziert. Es ist ein Großreinemachen meiner Seele. Natürlich beschäftigt mich der Kontaktabbruch sehr, aber mehr und mehr tut mir der dadurch gewonnene Abstand auch gut.

Und wie bei einem Hausputz macht es auch keinen Spaß, ist Anstrengung und kostet Zeit und Kraft, aber wenn man es geschafft hat, ist man zufrieden und stolz auf die erbrachte Leistung.

Ich lerne, die Realität anzunehmen und mich damit gut zu fühlen.

Ich lerne, meinen Weg weiterzugehen und zu mir zu stehen.

Und nach und nach setze ich das Erlernte und die neu gewonnene Stabilität auch in meinem Alltag um. Das zeigt sich in kleinen, alltäglichen Begebenheiten, meinen großen Erfolgen, die immer irgendwo auf mich warten.

So auch an einem ganz normalen Wochentag, als ich nach der Arbeit noch schnell ein paar Besorgungen mache und vollgepackt mit zwei Tüten auf dem Heimweg bin.

»Hallo, Esther, wie geht es dir?«

Ich bin so in Gedanken versunken, dass ich den Mann, der mir auf dem Bürgersteig entgegenkommt, gar nicht gesehen habe.

Jetzt schrecke ich hoch, denn ich habe an der Stimme erkannt, dass es Max ist, der auch dieses Mal mit Elvis, seinem Riesenboxer, unterwegs ist.

Er weiß ja, dass ich furchtbare Angst vor seinem Hund habe, und bleibt deshalb stehen, ja, geht sogar einen Schritt zurück in eine kleine Einfahrt, um mich problemlos vorbeigehen zu lassen.

Ich winke ihm zu und will gerade eilig vorbeihuschen, als ich abrupt stehen bleibe.

»Max«, rufe ich jetzt. »Du hast doch gesagt, dein Elvis sei friedlich. Dann bleib bitte auf dem Bürgersteig. Ich will heute versuchen, wie alle anderen auch an euch vorbeizukommen ...«

Max lächelt mich an, aufmunternd, bittet mit einem energischen »Sitz« seinen Elvis, sich artig hinzusetzen.

Mein Herz klopft ganz schnell, als ich, bepackt mit zwei Einkaufstaschen, mutig auf die beiden zugehe. Es ist alles andere als leicht, und ich schnappe mehrmals unruhig nach Luft.

»Weitergehen, ruhig bleiben, weitergehen«, murmle ich leise und motiviere mich, nicht aufzugeben. Ich will an der Herausforderung wachsen und mir beweisen, dass sich etwas tut, wenn ich es will.

Mit bewusst ausladenden Schritten gehe ich einfach weiter geradeaus. Elvis sitzt währenddessen brav auf dem Bürgersteig. Sein Herrchen versteht, was ich vorhabe. Als ich fast bei ihm bin und eine leichte Panik verspüre, fasst er seinem Hund ins Halsband.

»Alles gut, ich habe ihn sicher. Du kannst kommen, und wenn du möchtest, auch ein bisschen mit mir plaudern.«

Ich schüttle den Kopf. »Nee, nee«, presse ich mühsam heraus. »Das geht erst bei unserem nächsten Treffen. Im Moment bin ich froh, dass Elvis so lieb neben dir sitzt.« Und um die Stimmung etwas aufzulockern, presse ich sogar noch ein »Ich möchte den Kleinen doch nicht provozieren« heraus.

Max, ganz Hobby-Psychologe, zwinkert mir aufmunternd zu und frage zweimal nach Belanglosigkeiten, um mich abzulenken. Und als ich schließlich an den beiden vorbeigehe, sagt er sogar: »Du machst das wirklich klasse.«

Ich fühle mich so stark wie schon lange nicht mehr, drehe mich um und strahle ihn an. »Es hat geklappt. Sieh mal, ich hab's geschafft«, juble ich, als ich die beiden passiert und eine sichere Distanz zu ihnen habe.

»Also, dann freue ich mich auf unseren ersten gemeinsamen Spaziergang, zu dritt«, meint Max, und ich mache innerlich einen Freudensprung.

»Klar, der kommt bestimmt«, rufe ich ihm zu, und leise sage ich zu mir: »Liebe Frau Wille, dass ich auf dem Weg zum Hundefreund bin, verdanke ich Ihnen!«

# Kapitel 11

Ich habe den Tisch auf der Terrasse gedeckt und freue mich darauf, mit meinen zwischenzeitlich fünf und acht Jahre alten Kindern ein ganz wichtiges Thema anzusprechen. Sie sollen heute von mir erfahren, dass Opa Bernd nicht ihr leiblicher Opa ist. Die Bezeichnung »richtiger Opa« verwende ich nicht. Es ist nichts falsch an Opa Bernd. Er ist ein guter Großvater, und daran möchte ich keinen Zweifel lassen. Er ist nur genetisch nicht ihr Großvater, und das sollen sie nun von mir erfahren. Denn in den letzten Wochen hat mich Annika einige Male auf mein Aussehen angesprochen und interessierte Fragen gestellt: »Warum hast du so dunkles Haar, und warum bist du immer so schön braun?«

Ich habe darüber nachgedacht, ob es gut ist, die Kinder aufzuklären, und auch viel dazu im Internet gelesen und mit Torsten und Frau Dr. Wille darüber gesprochen. Sie und die Mehrheit der Fachleute raten zur Wahrheit, sogar schon Vierjährige können damit umgehen – und ich bin der beste Beweis, wie sehr es schiefgehen kann, wenn man beginnt, herumzudrucksen.

Torsten und ich erzählen es den beiden ganz kindgerecht. Ich steige damit ein, dass sie ihre leibliche Mutter und ihren leiblichen Vater haben, es aber auch Kinder gibt, bei denen das anders sei. Und dann sage ich ihnen, dass mein leiblicher Vater in einem fernen Land lebt und ich ihn nie gesehen habe und dafür Opi Bernd immer für mich da war und sich um mich gekümmert hat.

Bei der Erzählung kullern Annika die Tränen übers Gesicht. Sie versteht alles richtig gut und ist sehr bewegt, während Simon recht locker reagiert.

Beide Kinder finden das spannend und stellen jede Menge Fragen. Wo das ferne Land sei? Wie mein leiblicher Vater aussehe? Und warum sie Oma und Opa schon so lange nicht gesehen hätten?

Ich bleibe auch jetzt ehrlich, obwohl es schmerzt. Aber ich spiele unsere Familien-Funkstille herunter, sage nur, dass wir Erwachsenen gerade etwas Abstand brauchen, es aber nichts mit ihnen zu tun hat.

Ich beantworte alle Fragen ruhig und überlegt, schone ihre Konzentration, indem ich zwischendurch Kekse verteile und über ein Stofftier albere, und als sie irgendwann aufstehen und zum Spielen laufen, bin ich erleichtert.

»Meinst du, wir haben alles richtig gemacht?«, frage ich Torsten. Er hat während des Gesprächs immer mal wieder bei den Kindern nachgehakt, um zu sehen, ob sie alles gut aufnehmen.

Jetzt schenkt er uns einen Kaffee ein, und wir reden.

»Ja, ich bin überrascht, wie locker die beiden reagiert haben. Gut war, dass du ihnen mehrfach gesagt hast, dass sie jederzeit weitere Fragen stellen können. Ich glaube, das wird ihnen sehr helfen, das Thema zu verarbeiten.«

Ich atme erleichtert auf.

»Im Moment ist alles noch sehr abstrakt für sie. Leiblicher Vater, anderer Vater, mit diesen Begriffen können sie ja nicht wirklich etwas anfangen. Aber das ist auch nicht wichtig. Sie haben eine diffuse Vorstellung, werden nach und nach klarer sehen und sich dann nicht vor den Kopf gestoßen, sondern ernst genommen fühlen. Und genau das wolltest du ja erreichen.«

Ich nicke. »Ja, das stimmt, und ich bin sehr froh, dass es jetzt heraus ist und die Kinder nicht mit Familiengeheimnissen groß werden.«

Torsten legt seine Hand auf meine. »Also: Ja, wir haben alles richtig gemacht und die Kinder gut darauf vorbereitet, dass Familien nicht alle gleich aufgebaut sind. Übrigens ist die Studienlage eindeutig. Es ist für Kinder wichtig, schon früh Klarheit über die eigene Identität zu haben. Offenheit gibt das nötige Vertrauen, seine Geschichte zu verstehen und anzunehmen. Was du heute gesagt hast, wird ihnen helfen, sich künftig in unserer Familie besser zurechtzufinden, und nicht, wie du, mit einem Knacks weiterleben zu müssen.«

Ich schmiege mich an Torstens Schulter. Seine Worte sind wie Balsam für mich.

Ich bin auf dem richtigen Weg.

*

»Wir sprechen schon so lange darüber. Jahre! Stimmt's?« Nicole lächelt mich etwas genervt an. »Ganz ehrlich, ich mag es gar nicht mehr sagen, aber langsam solltest du loslegen. Die Zeit spielt gegen dich.«

Sie hat mich zu Pasta eingeladen, und wir sitzen zusammen an ihrem kleinen Esstisch, genießen einen Tee und reden über Gott und die Welt. Ich bin entspannt, offen, und sehr, sehr gut gelaunt.

Ich weiß nicht, ob Nicole geplant hat, das Thema anzusprechen, oder ob es ihr aus der Situation heraus in den Sinn kam. Jedenfalls gehe ich völlig unbekümmert darauf ein.

»Ich weiß ja, dass du recht hast.«

»Ja, du bist jetzt Mitte vierzig, und wenn ich richtig gerechnet habe, müsste dein Vater einundsiebzig Jahre alt sein. Er ist vermutlich in Rente, vielleicht nicht mehr gesund. Ich will dich nicht drängen, zumal du es seit Jahren erfolgreich schaffst, dich aus der Situation zu winden. Aber einmal möchte ich es dir noch sagen: Schreibe nach Stockholm!«

Ich atme tief durch. Nicole hat so recht. Ich verfolge oder begleite, egal wie man es formulieren mag, diesen schwedischen Italiener, von dem ich langsam glaube, dass er meinem Vater sogar ein bisschen ähnlich sieht, seit fast zehn Jahren. Ich weiß gefühlt alles von ihm.

»Seine Frau ist übrigens aus Algerien«, sage ich jetzt. »Zumindest stand das in einem der Kommentare.«

»Was? Lässt dich das nicht aufhorchen?«

»Doch, ja.«

»Und unternommen hast du trotzdem nichts?«

Ich sehe Nicole an, fast schon entschuldigend, und nehme mir vermutlich aus Verlegenheit ein weiteres Stückchen der leckeren Lasagne.

»Es ist eine nette Familie. Wirklich, aber ist es auch meine?«

»Esther, ich sehe dir an, dass du dir wieder etwas überlegst, was du vorschieben kannst. Aber mach es dir selbst leicht: Schreibe ihn an! Dann hast du Gewissheit. Du kannst nur gewinnen.«

»Aber bei einer schlechten Nachricht verliere ich mein letztes bisschen Hoffnung. Verstehst du nicht, dass ich davor zurückschrecke?«

»Nein, ganz klar nein. Wenn aus der Hoffnung jemals ein reales Ergebnis werden soll, musst du es tun. Geträumt hast du lange genug.«

Ich nicke und gebe mich geschlagen. Ich habe mich auch entwickelt. Die Therapiestunden mit Frau Dr. Wille, die Gespräche mit meinen Therapiemädels, all das hat mir so sehr geholfen. Ich bin wirklich selbstsicherer, unaufgeregter und angstfreier geworden. Ich habe keinen wirklichen Bammel mehr vor einer Abfuhr oder einer Blamage. Was soll's, diesem Zoheir tut eine freundlich geschriebene Nachricht nicht weh und mir eine weitere kleine Enttäuschung auch nicht. Aber ich kann mich danach freuen, wenigstens den hauchdünnen Strohhalm ergriffen zu haben, der mir Antworten hätte geben können.

»Ich habe auch jemanden, der mir bei der Übersetzung hilft. Mein Französisch ist eingerostet, mein Englisch schlecht und mein Russisch nicht gewünscht.«

»Und wer ist es?«

»Meine Kollegin Angelika. Ihr Mann hat lange Zeit bei einer englischen Firma gearbeitet. Sie weiß von meiner Geschichte, und die beiden werden mir bestimmt helfen.«

»Umso besser. Aber bitte schnell. Ich glaube, du solltest nicht mehr zögern.«

»Ich bereite heute noch den Text vor und maile ihn ihr. Und wenn ich die englische Version habe, dann, versprochen, drücke ich auf Senden. Zehn Jahre Wartezeit sind wirklich genug.«

»Ich gratuliere dir, meine Liebe«, meint Nicole freudestrahlend, springt aufgeregt vom Stuhl auf und nimmt mich fest in den Arm.

»Das wird dich weiterbringen, ganz bestimmt!«

Zurück zu Hause setze ich mich spätabends noch an meinen Schreibtisch und schreibe die vielleicht wichtigsten Zeilen meines Lebens. Ich stelle mir dabei vor, wie es meinem Vater jetzt geht, im fernen Algerien.

*Er ist groß und wirkt nach wie vor schlaksig, geht aber aufrecht und stolz. Er trägt eine Jeans, ein Jackett und modische Slipper. Sein Gesicht ist von der Sonne gebräunt, und nur sein lockiges graues Haar verrät sein wahres Alter. An diesem Wintertag spaziert er an der Promenade von Constantine entlang. Es ist elf Uhr vormittags, und er hat wie immer in der Sonne seinen Frühstückskaffee getrunken und ganz in Ruhe die Zeitung gelesen. Ein Schuhputzer begrüßt ihn lächelnd, und mein Vater, ganz Grandseigneur, lässt ihn sein Werk verrichten. Danach setzt er sich auf eine Bank unter einer Palme und liest in einem Buch. Es ist ein französischer Titel. Und er lächelt. Ob er an seine Zeit in Prag denkt? An mich?*

Ich nehme ein Blatt Papier und einen Kuli – und dann schreibe ich los. Zweimal zerknülle ich das Papier, weil ich die Zeilen furchtbar finde.

Jetzt öffne ich meinen Laptop und tippe fleißig los, lösche aber gleich wieder alles. Es ist gar nicht so leicht, die richtigen Worte zu finden. Erst der dritte Einstieg passt, aber dann tanzen meine Finger nur noch so über die Tastatur.

*Sehr geehrter Herr Deneche,*
*ich heiße Esther und schreibe Ihnen in der Hoffnung, dass Sie mir helfen können, eine persönliche Angelegenheit zu klären. Schon seit vielen Jahren suche ich meinen leiblichen Vater. Vor vielen Jahren bereits habe ich das Internet durchforstet und bin dort auf Ihren Namen gestoßen. All die Jahre habe ich gezögert, mich mit Ihnen in Verbindung zu setzen, obwohl mir der Gedanke, dass Sie ihn kennen könnten, schlaflose Nächte bescherte.*

*Jetzt habe ich Mut gefasst und beschlossen, Sie zu kontaktieren. Ich habe nur wenige Hinweise, weiß aber, dass er Zoheir Deneche heißt und 1948 in Algerien geboren wurde. In den siebziger Jahren traf er meine Mutter in Prag, in der damaligen Tschechoslowakei. Das ist alles, was ich über ihn weiß. Ich wurde 1974 in der ehemaligen Deutschen Demokratischen Republik geboren.*

*Ich hoffe, dass Sie ihn vielleicht kennen, etwas über seinen Aufenthaltsort wissen oder mir überhaupt irgendwie weiterhelfen können, meinen Vater zu finden. Ich weiß, dass ich im Nebel stochere und entschuldige mich dafür, wenn ich Sie belästige – aber sollten Sie etwas wissen, würde ich mich sehr freuen, von Ihnen zu hören.*

*Ich danke Ihnen im Voraus und schicke freundliche Grüße*
*Esther*

*Mein Papa sitzt immer noch auf der Bank und sieht aufs Meer hinaus. Die Zeit in Prag, diese herrlich unbekümmerten Monate sind ganz weit weg. Doch das Gefühl der Liebe bleibt immer im Herzen, sofern es denn Liebe war …*

Vielleicht kann ich das Rätsel lösen, denke ich noch, bevor ich das Schreiben aufgeregt an meine liebe Kollegin Angelika weiterleite.

Ich schicke ihr noch eine kleine Nachricht mit: »Es ist so weit! Nach zehn Jahren Zögern möchte ich die Chance nutzen und von diesem Mann in Stockholm einen kleinen Wink bekommen. Vielen Dank für die Übersetzung.«

Als ich auf Senden drücke, fühle ich mich leicht und beschwingt. Torsten ist schon zu Bett gegangen, und ich genieße die Stille der Wohnung. Zufrieden wie nach einer langen Wanderung gehe ich in die Küche, bereite mir einen Tee zu und setze mich damit an den Tisch. Langsam und bedächtig nippe ich am Becher, und in Gedanken stelle ich mir vor, wie mein Vater jetzt wohl den Abend verbringt.

*Er stößt mit einem kräftigen Schubs das Gartentörchen auf und geht auf sein schneeweiß getünchtes Haus zu. Es ist ein wunderschönes großes Anwesen vor den Toren Constantines. Das Haus liegt inmitten eines großen Gartens, in dem um diese Zeit herrliche Rosen blühen. Ein Gärtner kümmert sich um die Bewässerung und hält das prächtige Anwesen in Schuss.*

*Mein Vater war sein Leben lang erfolgreich und kann sich jetzt im Alter auf dem Erreichten ausruhen. Er genießt seinen Wohlstand. Im Haus wartet seine Frau auf ihn. Sie ist eine kleine, etwas rundliche Dame mit weißen Locken und einem schön geschnittenen Gesicht. Ihre Augenbrauen sind dunkelbraun gestrichelt, ihre Lippen knallrot geschminkt. Es ist eine hübsche Frau, die in einem schlichten schwarzen westlichen Kleid ganz hervorragend aussieht.*

*Mein Vater begrüßt sie mit einem Nicken, und dann setzen sich beide auf eine Bank im Garten. Auf dem Tischchen davor steht ein orientalisches Teeset, und die beiden genießen die milde Luft, die sanfte Sonne und nach all den Ehejahren noch immer die Zweisamkeit. Das Paar hat drei Kinder, die in der ganzen Welt verstreut leben, aber regelmäßig zu Besuch kommen.*

*Leider weiß die Frau nichts von mir. Mein Vater hat das Geheimnis für sich behalten …*

Ich sitze an diesem Abend noch lange in der Küche und bin sicher, meinem Vater in diesen Stunden ganz besonders nahe zu sein.

*

Es ist der 18. September 2019, ein Mittwoch, und als ich mich um 20 Uhr an meinen Schreibtisch setze, ist es draußen schon fast dunkel und herbstlich frisch.

Angelika hat mir die Übersetzung meiner Nachricht geschickt. Die Kinder liegen im Bett. Torsten ist zum Badminton-Training. Er wünscht mir beim Gehen viel Glück und ist ebenso aufgeregt wie ich.

Heute ist es so weit! Ich werde diesem Mann in Stockholm

meine Zeilen schicken. Und ich werde mich nicht unter Nicoles Account einloggen, sondern will ihm unter meinem echten Namen schreiben.

Als Erstes lege ich mir deshalb einen eigenen Facebook-Account an, lade ein Foto von mir hoch, fülle mein Profil aus und klicke erst dann das Nachrichtenfeld an.

Den übersetzten Text kopiere ich ein und bin dabei so aufgeregt, dass ich mich mehrmals verklicke.

Ich habe mich den ganzen Tag auf diesen Moment vorbereitet, Torsten und meine Mädels sind eingeweiht, und ich bin jetzt durch nichts mehr davon abzubringen.

In meinem Kopf bin ich auf vier Szenarien vorbereitet: Es kommt gar keine Reaktion. Es kommt eine dürre Nachricht des Inhalts, dass er überhaupt nicht weiß, was ich von ihm will. Es kommt die Nachricht, dass er etwas weiß, meinen Vater kennt, sich aber nicht einmischen will, und, zu guter Letzt, es kommt die Nachricht, dass er alles weiß, womit ich am Beginn einer unfassbar spannenden Reise stehe.

Bevor ich auf Senden drücke, sehe ich mir noch einmal alle Bilder dieses Mannes an, die er für die Öffentlichkeit freigegeben hat, zoome sie zum Teil sogar groß. Ich versuche irgendwie eine Ähnlichkeit mit dem Bild meines Vaters zu entdecken, das ich in meinem Kopf abgespeichert habe.

Die Augenpartie? Die Wangenknochen? Ich bin unsicher. Ach, ich habe mir die Bilder schon so oft angesehen, dass ich gar nichts mehr einschätzen und einordnen kann. Ich sehe mir auch die Fotos seiner beiden niedlichen Kinder an, entdecke aber nichts.

Und dann bin ich müde vom Grübeln und Nachdenken. Zehn Jahre sind nun wirklich genug.

Eine WhatsApp-Nachricht blinkt auf.

»Und? Weißt du schon etwas?«, will Nicole wissen.

»Du bist zu früh!«, antworte ich, und dann mache ich, was ich nun zehn Jahre hinausgezögert habe: Ich drücke auf Senden, entschlossen, beherzt, überzeugt, genau das Richtige zu tun.

Die Zeit danach ist schlimm. Ich bin so furchtbar aufgeregt, dass ich erst am ganzen Körper zittere und dann unruhig vor meinem Schreibtisch hin- und herlaufe. Ich brauche ein paar Minuten, bis sich mein Kopf wieder einschaltet und mir sagt, dass es so nicht gehen kann. Mein Adressat kann unterwegs sein, arbeiten, mit den Kindern spielen. Ich kann nicht erwarten, dass er sofort antwortet.

»Beruhige dich«, appelliere ich an mich selbst und setze mich mit dem Handy in der Hand auf mein Sofa und nehme mir eine Zeitung, in der ich allerdings nicht lese, sondern nur teilnahmslos herumblättere. Ich nutze alles, was mich irgendwie ablenken kann.

»Blink …«

Was war das? Eine Nachricht? Ich bebe innerlich.

Mit rasendem Herzen sehe ich in meinen Posteingang und kann nicht glauben, dass mir mein Adressat tatsächlich geantwortet hat. Gefühlt verliere ich soeben die Besinnung und lege das Handy auf die andere Seite des Sofas – um dann gleich wieder danach zu greifen.

Und dann lese ich die Nachricht, auf Englisch verfasst:

Hi dear Esther,
my name is Zoheir Deneche.
I heard that my dad had a daughter named Esther.
We can talk better perhaps? I have another sister!
Sincerely Zoheir

I know about you since I was a kid, but I couldn't find you :(

Zack! Das war's.

Ich habe den Volltreffer gelandet! Dieser Zoheir Deneche ist mein Bruder, und ich habe zehn lange Jahre vergehen lassen, ohne ihn zu kontaktieren …

In der ersten Anspannung flattere ich wie verrückt. Ich habe meinen Bruder gefunden! Es ist so krass. Und das heißt, ich werde bald auch meinen Vater kennenlernen.

Ich bin innerlich so aufgewühlt, dass ich zu weinen beginne.

»Blink …«

Mein Bruder schreibt, dass er gerade mit dem Handy in der Hand zu seiner Frau in die Küche gelaufen ist, um ihr zu sagen, dass ihm seine Schwester geschrieben hat …

»Blink …«

Fotos von meinem Bruder und unserem Vater blitzen auf. Mein Vater ist auf diesen Fotos schon viel älter als auf dem Passfoto, das meine Mutter mir gegeben hat. Aber ich erkenne ihn sofort und bin geschockt. Das Gesicht ist eindeutig zuzuordnen.

Ich bin am Ziel!

Die jahrelange Angst, meine Identität nie klären zu können, fällt langsam von mir ab.

Ich kann das eigentlich alles noch nicht wirklich begreifen.

Und während ich mich unfassbar freue, erfahre ich auch, dass meine Freude nur eine halbe sein wird.

»Es tut mir wirklich sehr, sehr leid, Esther. Aber unseren Vater wirst du nicht mehr kennenlernen können. Er ist bereits 1994 an Darmkrebs gestorben …«

Wumms! Eine Nachricht wie ein Schlag. Ich sitze starr am Handy und weine wieder.

Gerade war es vor Überwältigung, jetzt ist es aus Trauer. Soeben dachte ich noch, endlich am Ziel zu sein, und nun gesellt sich zu diesem tiefen Glücksgefühl eine große Ohnmacht. Ich möchte nicht glauben, dass er nicht mehr lebt.

Ich sitze mit schlaff hängenden Armen auf dem Sofa und starre ungläubig ins Nichts. Mein Vater ist tot! Ich rechne schnell die Jahre zurück. Es ist fünfundzwanzig Jahre her. Hätte meine Mutter damals nicht so gemauert, hätte ich vielleicht eine Chance gehabt, ihn wenigstens einmal zu sehen, seine Stimme zu hören und seine Wärme zu spüren. Aber was heißt schon »hätte«? Es ist eben anders gekommen. Es bringt nichts, darüber zu grübeln.

»Blink …«

»Du bist jetzt bestimmt sehr traurig«, schreibt mein Bruder. Ich zögere. Mein Englisch ist schlecht.

»Ja, sehr«, gebe ich zurück. Das kann ich noch problemlos ausdrücken. Den Rest versuche ich mit dem Übersetzungsprogramm zu meistern.

»Ich wollte so gern mehr über ihn wissen und meine zweite genetische Hälfte kennenlernen.«

Und dann erreicht mich eine Flut von Infos. Mein Bruder tippt wie ein Weltmeister seine Familiengeschichte ins Netz, und ich sauge jeden Satz in mich auf.

Die Frau meines Vaters heißt Habiba und lebt mittlerweile in Algier. Sie ist jetzt achtundsechzig Jahre alt und hat mit meinem Vater neben Zoheir noch drei weitere Kinder bekommen: meine ältere Schwester Amel, die heute in Mailand lebt. Danach ist mein Bruder Safwane geboren, der allerdings schon verstorben ist. Zoheir schreibt mir, dass er mit vierzehn Jahren bei einem Busunfall um Leben gekommen ist, und schickt mir auch gleich ein Foto von dem Jungen, das mich richtig erschüttert: Denn er sieht mir sehr ähnlich. Als drittes Kind kommt mein Bruder Zoheir aus Stockholm, und dann gibt es noch einen Nachzügler, meine fünfzehn Jahre jüngere Schwester Ines, die ebenfalls in Mailand wohnt.

Ich bin genau in der Mitte geboren, zwei Jahre nach dem mittlerweile verstorbenen Bruder und ein Jahr vor Zoheir.

Ich rechne nach. Mein Vater war schon zweifacher Vater, als ich geboren wurde, und Zoheir ist nur wenige Monate nach meiner Geburt gezeugt worden, also gleich nach der Rückkehr unseres Vaters nach Algerien.

Es ist alles so ungeheuerlich. Ich bin wirklich angekommen. Nach mehr als dreißig Jahren voller Fragen, Träume und Fantasien bekomme ich die Klarheit, die ich mir immer gewünscht habe.

Unsere Finger fliegen an diesem Abend nur so über die Tastaturen, und Zoheir nimmt es geduldig hin, dass ich ihn so hartnäckig ausfrage. Aber auch er will viel wissen und ist von der Situation überwältigt.

Ich schicke ihm Fotos meiner Familie, von Torsten, Annika und Simon.

Und er schreibt mir eine rührende Geschichte: Als er zwölf Jahre alt war, habe er ein Gespräch zwischen seinem Vater und dessen Bruder, seinem Onkel, mit angehört, und dabei sei es um ein Kind meines Vaters gegangen, das in Deutschland lebe. Zoheir hat sich damals sehr gewundert, aber verstanden, dass es besser ist, nicht darüber zu sprechen.

Erst zwei Jahre später, damals gab es gefährliche Unruhen in Algerien, hat unser Vater Zoheir gedrängt, das Land zu verlassen, um dem Armeedienst zu entgehen. Er sollte nach Europa gehen und versuchen, seine Schwester zu finden.

Unser Vater hat ihm damals auch mehr Details über mich genannt. Es war exakt so, wie ich es schon gedacht hatte. Als er zum Studium nach Prag kam, war er bereits verheiratet und hatte zwei kleine Kinder. Die Familie finanzierte das sehr teure Auslandsstudium, um die Karrierechancen zu erhöhen, aber nicht, um eine Parallelfamilie aufzubauen.

Und ich erfahre noch mehr.

Nach seiner Rückkehr kam der Brief von meiner Mutter zu Hause an, und der Seitensprung wurde öffentlich. Nicht nur mein Vater wusste, dass er Vater wird, sondern auch seine Ehefrau und die komplette Familie, und genau die hat reagiert und beschlossen, dass er nicht darauf antworten darf. Er hatte mit seinem Seitensprung die ganze Familie gegen sich aufgebracht, und man erwartete von ihm, sich nicht mehr zu äußern.

»Hat er meine Mutter geliebt? Weißt du etwas davon?«, will ich jetzt wissen, und Zoheir zögert keinen Moment.

»Ja, ich muss aufpassen, was ich sage, um meine Mutter nicht zu verletzen. Aber mir als seinem Sohn hat er einmal anvertraut, dass er große Gefühle für deine Mutter hatte und er sie sich richtig aus dem Herzen reißen musste. Ich glaube, er hat sehr gelitten.«

Was ich erfahre, ist alles so unglaublich ergreifend. Wir schreiben uns bis spät in die Nacht hinein, und ich bin sehr aufgewühlt.

Als Torsten heimkommt und mich so angespannt auf dem Sofa sitzen sieht, nimmt er mich in den Arm, ich erzähle ihm stockend, was passiert ist, und wir weinen beide vor Rührung. Ich bin innerlich so ergriffen, dass ich kaum zur Ruhe kommen und nicht still sitzen kann. Ich laufe unruhig auf und ab.

All die Jahre habe ich von diesem Moment geträumt, mir immer wieder ausgemalt, wie es sein wird, wenn ich meinen Vater eines Tages finden werde. Gut, ich komme leider zu spät. Er lebt nicht mehr, und das Glück, einmal von ihm in den Arm genommen zu werden, bleibt mir verwehrt. Aber ich habe ihn und meine algerische Familie gefunden. Das ist so wertvoll. Meine fehlende Hälfte, sie bekommt jetzt Konturen, und ich lerne, woher ich stamme und was in mir steckt. Auf einmal strömen bunte Bilder in mich hinein, und meine »graue Hälfte« blüht auf.

Ich beginne mich von Minute zu Minute »vollständiger« zu fühlen. Die große Leere, unter der ich so gelitten habe, füllt sich mit Farben und Inhalten. Das ist zu schön.

Und so sitze ich spätnachts immer noch da, in dieser milden Septembernacht, und schreibe diesem Mann aus Stockholm, der mein Bruder ist, meine tiefsten Gedanken, und ich weiß genau, dass sie bei ihm gut aufgehoben sind. Ich fühle eine große Verbundenheit zu ihm, vom ersten Moment an, und bin mir sicher, dass es ihm genauso ergeht.

Mein Vater ist tot, den Schock muss ich verarbeiten, aber ich habe einen Bruder, der seit vielen Jahren von mir weiß und sich immer gewünscht hat, mich zu finden!

Wir sind zwei Menschen, getrennt durch viele Kilometer, und einander doch so nah. Es ist so bewegend. Auf einmal gibt es eine völlig neue Welt, in die ich zumindest teilweise gehöre. Ich spüre, dass mich dieser Mann mit offenen Armen in sein Leben lässt und will, dass ich mich als ein Teil der Familie sehe. Ich fühle mich auf ganz wunderbare Weise angenommen. Was ich in meiner bisherigen Familie vermisst habe, die vorbehaltlose Zugehörigkeit, die spüre ich plötzlich in dem algerischen Teil, zumindest, soweit es Zoheir betrifft, meinen liebevollen Bruder.

»Ein Wunder!«, schreibt mir Zoheir noch mitten in der Nacht, als wir langsam zu müde zum Tippen werden, und gesteht mir, dass er sich auf Facebook auch angemeldet hat in der Hoffnung, dass ich mich bei ihm melde. Umgekehrt wäre es nie möglich gewesen. Ich habe als Baby den Namen meiner Mutter geführt. Er kannte mich nur als Esther und hätte mich niemals aufspüren können.

»Gott hat gewollt, dass wir uns finden«, schreibt er an diesem Abend zum Abschied, und ich stimme dem zu. Den Weg, den wir genommen haben, um zueinanderzufinden, der ist ein ganz spezieller. Ich glaube auch fest daran, dass hier der liebe Gott seine Finger im Spiel hatte.

*

In den kommenden Wochen lebe ich wie unter einer warmen, schützenden, aber sehr aufregenden Glocke. Ich gehe zur Arbeit, kümmere mich um die Kinder und den Haushalt, und sowie die Kleinen zu Bett gehen, setze ich mich an den PC und tausche mich mit Zoheir aus. Ich will alles erfahren, was er von unserem Vater weiß, möchte aber auch wissen, wie sein Leben verlaufen ist.

Hinter ihm liegen schlimme Jahre. Er musste sich als Vierzehnjähriger allein in Europa durchschlagen, wurde zum Glück von zahlreichen Anlaufstellen betreut, ist allerdings auch zeitweise durch das Netz gefallen und auf der Straße gelandet. Nach seiner Ankunft in Italien hat er einige Jahre dort verbracht, perfekt die Sprache gelernt und sogar seinen Schulabschluss geschafft. Später ist er aber auch in Frankreich und Deutschland gewesen und hat sogar ein paar Monate ganz in meiner Nähe gelebt. Eine unglaubliche Vorstellung. Als ich meinen Vater schon suchte, war mein Bruder keine achtzig Kilometer von mir entfernt, in einem Camp in Mühlhausen.

Später musste er wieder zurück nach Italien und hat schließlich die Gelegenheit genutzt, nach Schweden zu gehen und sich dort, anfangs allein, später mit seiner Frau und den Kindern, eine sichere Zukunft aufzubauen. Heute arbeitet er bei einer Art Verkehrsamt, sogar in einer führenden Position. Er kann stolz sein auf sich und das Erreichte.

Ich spreche so gern mit ihm, dass ich wenige Tage nach unserem Kennenlernen extra Onlinekurse in Englisch und Französisch buche und mich freue, dass sich meine Sprachkenntnisse entwickeln und ich mich immer differenzierter mit ihm austauschen kann.

Ich sauge jede Information auf, stelle immer neue Fragen, und Zoheir ist sehr bemüht, alles für mich herauszufinden, weshalb er intensiv mit seiner ganzen Familie spricht. Das genieße ich besonders. Er versucht nicht, mich »unter Verschluss« zu halten, sondern informiert wie selbstverständlich seine Geschwister, den Onkel, zwei Tanten. Und so kommt es, dass ich eines Tages auch eine Nachricht von Salha, der jüngeren Schwester meines Vaters, bekomme. Sie schreibt mir auf Französisch, und ich nutze mal wieder das Übersetzungsprogramm. Es klappt besser als erwartet!

Was ich lese, ist bemerkenswert.

»Ich möchte mich in aller Form im Namen der Familie bei dir entschuldigen. Es war nicht richtig, dass dein Vater sich nicht um dich gekümmert hat!«

Sätze, die mich zutiefst berühren. Salha fragt auch nach meiner Mutter und wünscht sich, dass ich die Entschuldigung auch an sie weitergebe. Aber das kann ich nicht, im Moment zumindest nicht, da unser Kontakt immer noch auf Eis liegt, und genau das schreibe ich Salha auch. Ich will mit diesem Teil meiner Familie von Anfang an mit offenen Karten spielen, keine Geheimnisse haben, und teile meiner Tante auch ganz offen mit, warum das so ist: Ich hatte genug Geheimnisse in meinem Leben!

Unser Austausch dauert lange und ist beschwerlich, aber wir können vermitteln, was uns wichtig ist, und nur das zählt.

Salha wusste von den Briefen meiner Mutter. Sie wusste auch, dass mein Vater sehr darunter gelitten hat, dass er meine Mutter so rücksichtslos im Stich lassen musste.

»Er hat sich oft bei mir seinen Kummer von der Seele geredet«, erzählt sie und berichtet auch davon, dass er häufig von mir gesprochen hat.

»Wie sie wohl aussieht, meine Kleine«, habe er einmal zu ihr gesagt und dann bitterlich geweint.

So etwas zu hören ist beglückend und verstörend zugleich. Ich denke an meine Mutter, die einen ganz anderen Eindruck hatte. In ihren Augen hatte er sie einfach im Stich gelassen, abgelehnt und ignoriert.

Mein Herz ist ganz schwer. Ich höre von zwei Menschen, die furchtbar gelitten haben und einen hohen Preis für ihre verbotene Liebe zahlen mussten.

Ich möchte aber noch viel mehr von Salha erfahren und frage sie danach, wie mein Vater eigentlich gewesen sei.

»Er war ein wunderbarer, sehr fröhlicher und gütiger junger Mann«, schreibt sie.

Ich merke, dass sie stockt, und lasse ihr alle Pausen, die sie braucht.

Und dann erzählt sie, dass er gern Musik hörte, häufig tanzte, Geselligkeit liebte. Dass er blitzgescheit und erfolgreich war und nach seinem Studium die Verantwortung für eine Gaspipeline in der Sahara innehatte.

»Er wollte immer allen helfen und war stets bereit, für andere in Not Verantwortung zu übernehmen«, berichtet Salha weiter. Sie erzählt mir die Geschichte von einem Mitarbeiter, der eigentlich entlassen werden sollte, aber dann habe mein Vater so lange beim Chef um ihn gekämpft, dass er schließlich bleiben durfte.

Sie ist offen und ehrlich und loyal, und so berichtet sie mir auch von ihrer Schwägerin, der Frau meines Vaters, die »eine Gute« sei, wie sie betont, und die es schwer gehabt habe. »Als der Brief deiner Mutter mit der Info über deine Geburt gekommen ist, hat sie in ihrer ersten Enttäuschung und tiefen Verletztheit deinen Vater verlassen und ist zu ihrer Familie gezogen. Die ganze Familie war sehr verärgert und aufgebracht.«

Ich frage nicht, ob es möglich gewesen wäre, einfach abzuhauen, um mit meiner Mutter ein neues, anderes Leben zu beginnen. Die Frage erscheint mir absurd. Niemals lässt ein Mann in dieser Kultur seine Familie im Stich.

»Die Trennung war für uns alle ein Schock«, schreibt Salha weiter. »Und deshalb hat sich die Familie auch intensiv eingebracht. Habibas Familie hat sie motiviert, zu deinem Vater zurückzukehren, und dein Vater hat Druck bekommen, sich um seine betrogene Ehefrau zu bemühen.«

Der Kraftakt hatte Erfolg. Nach ein paar Wochen lebte das Paar wieder zusammen, und niemand habe mehr über die Sache mit »dieser Deutschen« gesprochen, wie Salha ehrlich zugibt. Später kam dann Zoheir auf die Welt, wahrscheinlich als »Versöhnungsbaby«.

»Und als der Brief mit meinem Kinderbild in der Post war, was ist daraus geworden?«, hake ich nach.

»Ich weiß es nicht genau. Man hat es vermutlich einfach weggetan und gar nicht mehr darüber gesprochen, um keine alten Wunden aufzureißen. Es sollte nicht sein, und damit war es auch nicht, Esther!«

Es tut mir weh, sehr sogar, aber ich kann das Verhalten auch verstehen. Ich passte nicht in das Familienkonzept, und man hat mich einfach totgeschwiegen.

»Esther? Ist alles gut?« Salha irritiert mein Schweigen, und sie legt eine Pause ein.

Aber ich möchte nicht, dass sie sich schlecht fühlt, und so stelle ich ihr jetzt rasch Fragen nach Habiba.

»Die gemeinsamen vier Kinder hat sie gut und sehr liebevoll erzogen, und auch die Tatsache, dass es dich gibt, hat sie zumindest nach dem ersten Schock gut weggesteckt. Ich weiß jedenfalls nichts von späterem Krach oder gar Vorwürfen. Es wurde vermutlich nie wieder darüber gesprochen. Dein Vater stand zu seiner algerischen Familie, und mehr gab es dazu nicht zu sagen. Habiba hat es hingenommen. Beide kannten die Traditionen und haben sich nicht quergestellt.«

Und dann stockt Salha.

»Esther?«, fragt sie leise. »Ganz ehrlich, nach der Rückkehr aus Prag war dein Vater verändert, irgendetwas schien ihn lebenslang zu bedrücken ... Es war so schlimm, dass er zeitweise auch angefangen hat zu trinken. Wir haben immer gedacht, dass es mit dir zusammenhängt.«

Ich lasse Salha berichten und gebe ihr auch noch etwas Zeit, sich zu sammeln.

Dann nehme ich mir ein Herz und frage etwas, das mich schon lange beschäftigt: »Hat mein Vater denn auch später noch von mir gesprochen?«

Salha wirkt vorbereitet. Sie druckst nicht herum, sondern erzählt offen, wie es war.

»Immer, liebe Esther. Natürlich nicht im Beisein meiner Schwägerin. Er war ein sehr rücksichtsvoller Mensch. Aber wenn wir unter vier Augen waren, hat er mich oft gefragt, wie er dich wohl finden könne, und mir von seiner Not berichtet, nicht zu wissen, was aus dir geworden ist.«

»Und was hast du ihm in solchen Momenten gesagt?«, nutze ich die Gelegenheit, um mehr darüber zu erfahren.

»Ich habe ihm gesagt, dass Familien immer zusammenfinden, weil sie zusammengehören. Dann hat er gelächelt und sich wohlgefühlt.«

»Hat er denn nach mir gesucht?«

»Das weiß ich nicht, aber ich glaube, nicht intensiv, weil es gar nicht ging. Er hatte ja nicht mehr als den Namen deiner Mutter, und er wusste, dass ihr in Deutschland den Namen des

Ehemannes tragt. Daran habe ich erkannt, dass er sich offensichtlich schlaugemacht hat. Außerdem konnte er es dann auch nicht mehr.«

»Weil er krank war?«

»Genau, er wurde immer dünner und schlapper und konnte oft nicht mehr zur Arbeit gehen. Als die Diagnose Darmkrebs kam, war er schon nur noch ein Schatten seiner selbst.«

»Oh, das ist ja grausam. Hat er gelitten?«

»Sehr, Esther. Er hatte tiefe Augenringe und ganz weißes Haar. Seine Haut war gelblich und ledern. Wirklich, es war kein schöner Anblick. Dieser immer so gut aussehende Mann hockte nur noch zusammengesunken in einem Stuhl und sah teilnahmslos in den Garten.«

Salha fällt es schwer, über die Zeit der Krankheit zu erzählen. Nach ihrer Erinnerung habe mein Vater nur noch kurz versucht, gegen die Krankheit aufzubegehren. Dann habe er aufgegeben und sei nach wenigen Monaten gestorben, abgemagert und kaum noch zu erkennen.

»Aber er war stark, hat nie geklagt und selbst in seiner schlimmen Situation immer nur davon gesprochen, dass seine Frau und seine Kinder versorgt sein müssen.«

Auch auf den angeblichen »Drohbrief« einer Schwester meines Vaters spreche ich sie an. Salah ist die älteste von vier Schwestern und war damals gerade erst zwanzig Jahre alt. Sie versichert mir, nichts davon gehört zu haben.

Ich genieße es sehr, dass Salha so offen mit mir kommuniziert, und als wir uns erst einmal verabschieden, bin ich so froh wie schon lange nicht mehr, weil ich nun dieses Wissen habe.

*

Später lerne ich via Netz auch meine beiden in Italien lebenden Schwestern kennen und büffle jetzt zu Englisch und Französisch auch noch ein paar Brocken Italienisch. Wenn ich schon eine internationale Familie habe, will ich mich auch austauschen können, zumindest irgendwann einmal.

Was mich verblüfft: Auch meine Schwestern nehmen mich ohne Vorbehalte in der Familie auf. Sie schreiben mich als »liebe Schwester« an und sind so ungeheuer aufmerksam und sanftmütig, dass ich immer zutiefst gerührt bin.

»Wir müssen uns sehen, in Mailand«, sagt Ines sofort, die einen kleinen Sohn hat, ein zweites Kind erwartet und mit ihrem marokkanischen Mann ein rundum glückliches Leben führt. Amel ist Single, arbeitet als Ärztin und schlägt ebenfalls vor, dass wir möglichst bald ein Geschwistertreffen organisieren sollten.

»Ich bin dabei«, schreibe ich sofort zurück und vergesse in der ganzen Euphorie meine Flugangst.

Ich kann ja aber gar nicht fliegen, ist dann mein zweiter Gedanke. Doch ich mache dann, was ich noch nie getan habe: Ich thematisiere die Angst nicht.

»Ich komme und freue mich riesig«, tippe ich in die Tasten und weiß, dass ich es schaffen werde. Der Wunsch, die zweite Hälfte der Familie zu sehen, wird meine Angst zu fliegen besiegen, da bin ich mir ganz sicher.

Und so lerne ich in den kommenden Wochen meine algerische Familie zumindest per Netz und Telefon kennen. Meine Finger fliegen über die Tasten, und die Übersetzungsprogramme laufen heiß, so viel nutze ich sie.

Immer wenn ich aus meinem kleinen Büroeckchen komme, erzähle ich Torsten in begeisterten Worten, was ich herausgefunden habe, und informiere natürlich auch Nicole, Nic, Anja und viele andere enge Freunde über meine Erfolge – und ich lege auch in der Therapie alle Karten auf den Tisch.

»Jetzt wird Ihre Wunde langsam zuheilen«, glaubt Frau Dr. Wille und sieht mich mild lächelnd an.

Natürlich erzähle ich auch den Frauen aus meinem Therapiekreis von meinen algerischen Familienkontakten. Sie alle staunen, fiebern und weinen mit mir. Sie freuen sich, dass es ein so wunderschönes Happy End für mich gibt. Nur eine, die zweite wichtige Hauptdarstellerin, bekommt von alldem nichts mit: meine Mutter.

Ich denke so oft daran, sie einfach anzurufen und ihr alles zu erzählen. Sie muss doch wissen, dass mein Vater tot ist. Und sie muss auch wissen, wie alles abgelaufen ist.

Aber dann zögere ich jedes Mal, weil ich innerlich noch so verhärtet bin. Die Verletzungen sind zu groß, die Wunde eben noch nicht verheilt. Ich schaffe es nicht, noch nicht. Vielleicht zögere ich aber auch, weil ich Angst habe.

Ich habe Angst, dass sie mir das schöne Gefühl der Ganzheit wieder nimmt. Es ist gerade trotz der Probleme mit meiner deutschen Familie alles irgendwie heil, warm, gesund. Ich möchte mir das noch wenigstens eine Zeit lang erhalten. Denn dauerhaft geht das nicht. Eines Tages muss meine Mutter erfahren, dass ich auch die Familie in Algerien habe. Am besten von mir.

# Kapitel 12

»Wir beginnen mit unserem Landeanflug auf den Flughafen in Stockholm. Die Temperaturen betragen an diesem Novembertag sechs Grad Celsius. Man hat uns leichten Nieselregen gemeldet.«

Es ist unglaublich, und hätte mir jemand vor einem Jahr gesagt, dass ich in ein Flugzeug steige, um meinen Bruder aus meiner algerischen Familie zu treffen, hätte ich ihm den Vogel gezeigt. Ich muss mich kneifen, um zu begreifen, dass das hier wirklich alles wahr ist.

Ich habe einen Sitzplatz am Gang, der Platz neben mir ist frei, und ich konzentriere mich, wie mir Frau Dr. Wille geraten hat, auf die Atmung.

Einatmen, ausatmen, ruhig bleiben. Dazu übe ich strikte Gedankenkontrolle. Ich lasse keine Fantasien zu, sondern hämmere mir ein: Es kann nichts passieren.

In den vergangenen drei Wochen habe ich das mit Frau Dr. Wille umfassend geübt, und jetzt zeige ich, dass es klappt. Ich habe frühmorgens ein Beruhigungsmittel genommen, das die Ausschläge abfedert. Ich will meinen Bruder sehen, und wenn ich dazu in ein Flugzeug steigen muss, dann ist das eben so. Der Wunsch nach meiner zweiten Familie lässt mich meine Ängste besiegen, und von Tag zu Tag kommt mehr Normalität in mein Leben.

Ich bleibe mittlerweile sogar neben Elvis stehen, streichle ihn und plaudere mit seinem Herrchen. Nicht wirklich entspannt, aber es geht. Ich bekomme keine Angst, kein Unwohlsein, keine weichen Knie, und laufe auch nicht weg. Ich drücke die Angst weg, genauso wie man es mir geraten hat, und siehe da, ich bin erfolgreich.

Ich renne auch nicht mehr für jeden Schnupfen zum Arzt, weil ich glaube, schlimm erkrankt zu sein. Und ich versuche, nicht mehr über jedes Zipperlein zu sprechen, sondern einfach an etwas anderes als mein baldiges Siechtum zu denken. Und siehe da, ich bin neuerdings stabil genug, um auch das zu schaffen.

Und jetzt bewältige ich den Flug beziehungsweise habe ihn schon so gut wie geschafft.

Das Fahrwerk wird ausgefahren. Es surrt beunruhigend. Aber ich sehe einfach weiter geradeaus, fixiere die Tür zum Cockpit und denke an die wunderbare Begegnung, die gleich anstehen wird: Ich, Esther aus Weimar, treffe Zoheir aus Stockholm, meinen Bruder. Es ist einfach nur großartig. Wir machen wahr, was wir uns von Anfang an vorgenommen haben: Wir werden uns sehen.

»Suche mir bitte ein Hotel in der Nähe. Ich komme«, habe ich ihm eingangs gesagt, und die Antwort war so rührend wie liebevoll.

»Meine Familie übernachtet nicht in einem Hotel, sondern bei mir.«

Es war so klar, so deutlich, ein wunderbares Zeichen, und ich habe keine Sekunde gezögert, sein Angebot anzunehmen. Wir fühlen uns so vertraut, und ich fühle mich so geliebt, dass ich nicht zweifle, ob es richtig ist.

Die Hürde des Fliegens war nach diesen Zeilen weit weg.

Rumps! Die Maschine setzt etwas unsanft auf. Ich bin in Gedanken zum Glück so fest bei meinem Bruder, dass ich gar nicht mehr darauf geachtet habe, wie die Landung abläuft.

Draußen leuchten die Lichter des Flughafengebäudes.

»Bitte bleiben Sie noch angeschnallt auf Ihren Plätzen sitzen, bis wir die endgültige Parkposition erreicht haben«, höre ich die Stimme der Stewardess.

Ich lehne mich zurück in meinen Sitz und verspüre nicht einmal jetzt Unruhe. Ich bin einfach nur voller Vorfreude, und wenn ich hier noch eine Stunde sitzen müsste, es wäre egal. Ich bin ja schon längst am Ziel.

Irgendwann leert sich der Gang zwischen den Sitzreihen, und ich reihe mich ein, um das Flugzeug zu verlassen. Ich habe nur etwas Handgepäck dabei und komme so schnell in den Abholbereich. Mit leichten Schritten gehe ich durch die Endlosgänge, vorbei an den Gepäckbändern und zielsicher zum Ausgang.

Ich bleibe stehen. Einen Moment nur, zum Durchatmen. Ich bin fünfundvierzig Jahre alt und habe über dreißig Jahre davon geträumt, meinen Vater zu finden. Gut, er wird nicht draußen stehen und mich in die Arme nehmen und »Wie schön, dass ich dich gefunden habe« sagen. Er wird es leider auch nie mehr tun, weil es ihn nicht mehr gibt auf dieser Welt. Aber ich werde den nächstmöglichen engen Verwandten kennenlernen, meinen Bruder.

»Er bewegt sich genauso wie unser Vater, und wenn er spricht, streicht er sich oft über das Kinn. Das hat unser Vater auch immer gemacht«, hat mir unsere Schwester Amel schon gesagt. »Eigentlich ist er ein Abziehbild von ihm.«

Sätze, die mir jetzt im Ohr klingen und bei denen mein Herz zu hüpfen beginnt. Ich fasse wieder nach dem Griff meiner Reisetasche und gehe durch die Glastür Richtung Flughafenhalle. In meinem Kopf zähle ich die Sekunden. Gleich ist es so weit, gleich geht mein Traum in Erfüllung.

Hinter der Absperrung warten viele Menschen. Ich bleibe stehen, fixiere ihre Gesichter. Und dann ist es so, als sähe ich meins.

Unsere Blicke treffen sich. Wir strahlen beide – und stürmen aufeinander zu. Zoheir ist kleiner, als ich es erwartet habe. Er trägt eine dick wattierte blaue Jacke, einen passenden Schal, dazu eine nougatfarbene Chino.

Dann steht er vor mir, mit einem wunderschönen Strauß Rosen in der Hand. Er öffnet seine Arme und zieht mich ganz fest an sich.

»My lovely sister is here. I am so happy«, sagt er leise und drückt mich noch einmal besonders fest.

»Let me see how you look«, meint er dann und schiebt mich mit der freien Hand ein Stückchen von sich weg.

»Wow, bist du hübsch, ganz der Vater.«

»Findest du wirklich?«, frage ich sofort und ärgere mich ein bisschen über meinen viel zu distanzierten Ton.

Mein Herz klopft, meine Hände zittern. Aber das ist alles unnötig. Hier steht jemand, dem ganz viel an mir liegt. Ich kann ihm vertrauen und unbesorgt eintauchen in sein Leben.

Es ist Freitag, ich bleibe bis Sonntag. Wir haben Zeit, uns ganz in Ruhe kennenzulernen und dabei viel von unseren Familien zu erfahren.

Zoheir fährt mich in seinem roten Mazda durch den Abendverkehr. Es ist dunkel, die Stadt aber noch geschäftig beleuchtet. Ich sehe neugierig hinaus und wundere mich selbst, wie skurril die Situation ist: Ich fahre hier durch die schwedische Hauptstadt, am Steuer mein Bruder, den ich heute zum ersten Mal sehe und von dem ich bis vor zwei Monaten nicht mal wusste, dass es ihn gibt.

Das Leben ist wirklich ein Abenteuer.

*

Zoheir lebt mit seiner Frau Sihem und den Kindern Joumana und Arwa in einem schönen Neubau in einem gepflegten Vorort von Stockholm. Wir gehen in den dritten Stock, und als er die Tür aufschließt, steht die ganze Familie im Flur und begrüßt mich mit Küsschen und herzlichen Umarmungen. Ich habe für die Mädchen Geschenke dabei, kleine Puppen.

Die Wohnung ist klein. Man bringt mich im Elternschlafzimmer unter. Aber vorher genießen wir den Abend gemeinsam im Wohnzimmer. Alles ist so heiter und unkompliziert.

Zur Begrüßung hat Sihem, eine zierliche Frau in Jeans und Bluse mit langen dunklen Haaren und einem sehr schön gezeichneten Gesicht, den Esstisch festlich eingedeckt. Es gibt ein typisch algerisches Menü: Couscous mit Hühnchen und Gemüse, wunderbar speziell gewürzt und einfach nur köstlich. Der Fernseher läuft die ganze Zeit über in italienischer Sprache. Die Familie spricht Schwedisch und mit mir Englisch – und mit Händen und Füßen. Die Kinder kuscheln sich unbekümmert an »ihre Tante Esther«, und Sihem vermittelt mir mit ihrer liebevollen Art, dass ich dazugehöre.

Ich fühle mich sofort zu Hause in dieser so ganz anderen, aber sehr harmonischen und einnehmenden Welt. Natürlich habe ich in Deutschland überlegt, wie das Zusammentreffen der westlichen mit der muslimischen Welt ablaufen würde. Aber es ist einfach völlig unkompliziert, weil es offene, moderne Europäer sind. Zoheir spricht sechs Sprachen, ist Muslim, Schwede, ein liebevoller, gütiger und toleranter Mensch.

Wir unterhalten uns auch darüber, welche Freiheiten seine Töchter haben, und ich erfahre, dass sie genauso aufwachsen wie unsere Annika: aufgeschlossen für anderes, Neues, mit Werten, die in allen zivilisierten Kulturen gelten; es geht um Achtung und Respekt anderen gegenüber, um Miteinander und Liebe.

Zoheir hat sich einen sicheren Job erarbeitet, mit Fleiß und jeder Menge Fortbildungen. Sihem studiert und wird Lehrerin. Die Kinder besuchen einen Kindergarten, und schon jetzt sind den Eltern Bildung und Engagement wichtig.

Am späten Abend legen sich Sihem und die Kinder hin, Zoheir und ich wollen noch ein wenig miteinander reden und machen es uns auf dem Sofa bequem.

Ich trage eine Sporthose, dicke Socken und fühle mich wohl, schlicht angekommen. Zoheir holt einen Stapel Fotoalben, und wir beide blättern durch die Familiengeschichte. Ich sehe endlich so viele Aufnahmen von meinem Vater.

Familienfeiern, Urlaube am Mittelmeer, das neue Auto, eine Aufnahme an einer Gaspipeline, für die unser Vater verantwortlich war. Ich sehe Bilder von allen Altersabschnitten und muss gerührt feststellen, dass ich mit meinen Fantasien gar nicht so falschlag. Die Bilder zeigen einen großen, starken Mann mit dichtem, lockigem Haar, das erst auf den letzten Aufnahmen weiße Anteile bekommen hat.

Oft schweifen meine Gedanken ab zu meiner Mutter. Gerade bei den älteren Fotos, die einen jungen, lebensfrohen Mann zeigen, frage ich mich, was sie an ihm wohl alles geliebt haben mag. Denn eines fällt mir sofort auf: Er strahlt auf den Fotos einen ungeheuren Charme aus.

»Er sprach Englisch mit französischem Akzent«, verrät mir Zoheir, und ich höre quasi das »Mon amour« aus seinem Mund, das er meiner Mutter vielleicht an der berühmten Karlsbrücke, in einer der verschlungenen Gassen oder vor der spektakulären Prager Burg ins Ohr gehaucht hat. Sie muss wirklich hin und weg gewesen sein, so jung, so unbedarft, wie sie damals bestimmt war.

Es gibt auch ein Foto von einem gebrechlichen schwachen

Mann, dem die Krankheit deutlich anzusehen ist. Aber das nimmt mir Zoheir rasch wieder weg.

»Behalte ihn besser so stolz und attraktiv in deinem Herzen wie auf den anderen Fotos«, meint er.

Ich lächle ihn dankbar an.

»Du hast auch viel von Papa«, sagt Zoheir plötzlich und zählt alles auf, was ihm aufgefallen ist. Es sind banale Übereinstimmungen wie unsere Vorliebe für dieselbe Eissorte, nämlich Vanilleeis, oder die Art, wie ich den Kopf nach hinten lege. Ihm fällt zudem auf, dass ich genauso wie mein Vater häufig die Stirn in Falten lege und meinen Kopf beim Nachdenken in einem bestimmten Winkel halte.

»Und wenn du den Löffel im Kaffee rührst, ist da der gleiche Schwung«, meint Zoheir noch eine weitere Parallele zu erkennen.

Ich muss schmunzeln.

»Erkennst du die Vaterschaft also am Kaffeelöffel«, ulke ich schließlich.

»Genau, es sind solche kleinen Eigenheiten, die uns immer an die Eltern erinnern.«

Und dann macht er vor, wie sein Vater sich gern hingesetzt hat, nämlich mit dem auf der Rücklehne des Sessels abgelegten rechten Arm. Und er zeigt mir auch, dass er beim Aufstehen immer eine Hand am Knie hatte.

»Du magst jetzt lachen, aber das ist ein ganz typisches Verhalten, das für meinen Vater stand. Und vieles davon hast du geerbt.«

Ich genieße diesen Austausch, und wir reden bis vier Uhr in der Frühe.

Ich bin innerlich so erfüllt, dass ich mich nicht mehr wegträumen muss. Die Realität ist wunderschön genug!

*

Am nächsten Tag erwartet mich die Familie mit einem tollen Frühstück. Es gibt Sesamkringel mit Hummus, Auberginensalat und leckeren Paprikadip, dazu Tee und eine herrliche Safranmilch. Ich genieße und schwelge.

Danach lässt Sihem uns ziehen, denn Zoheir will mir die Stadt zeigen. Es ist kalt und regnerisch, ein typischer Wintertag in Schweden, aber wir bummeln durch Gamla Stan, die wunderschöne Altstadt von Stockholm mit den vielen bunten Häusern. Fröhlich plaudernd schlendern wir über das Kopfsteinpflaster durch urige Gassen, essen in einer der zahlreichen Bars Fisch, natürlich, ganz typisch, einen eingelegten Hering mit Kartoffelpüree, und ich trinke einen Glögg, einen typisch schwedischen Glühwein.

Zoheir zeigt mir das Nobelmuseum, aber auch das kleinste öffentliche Monument, den Järnpojke, eine kleine Figur, der man magische Kräfte nachsagt. Wir kommen an vielen prächtig geschmückten Schaufenstern vorbei, und Zoheir stattet mich mit Souvenirs für Torsten und die Kinder aus. Ich bekomme ein Basecap, einen Schlüsselanhänger und ein T-Shirt, und immer wieder bleibt er einfach stehen, strahlt mich an und überschüttet mich mit Komplimenten.

»Du bist die schönste deutsche Schwester, die ich habe«, sagt er übermütig und hakt mich unter, um mich durch das berühmte Kaufhaus Nordiska Kompaniet zu führen, das es laut Zoheir seit über hundert Jahren gibt.

Wir sind so glücklich, uns zu haben, und empfinden uns gegenseitig als riesengroßes Geschenk. Aber wir wollen unser Glück auch teilen, und so ruft Zoheir mitten auf einer der zahlreichen Stockholmer Brücken spontan Torsten an und via FaceTime lässt er ihn an unserem schönen Tag teilnehmen. Wenig später meldet er sich bei seinen Schwestern in Mailand und schaltet auch sie beide via FaceTime auf sein Handy. Wir lachen, ich radebreche, und die Stimmung ist so herzlich und zugewandt, dass ich rundherum glücklich bin.

Den vorläufig letzten Abend schwelgen wir in seiner Wohnung wieder in der Vergangenheit, aber ich halte nicht mehr so lange durch. Die Anreise, die vielen Gefühle, das stramme Sightseeing-Programm – mir fallen ganz früh die Augen zu.

Und dann ist es auch schon Sonntag, und meine Abreise steht an.

»Ihr besucht uns in Meerbusch. Ideal ist es zu Ostern«, sage ich allen zum Abschied, und Sihem und die Kinder verbergen ihre Vorfreude nicht und nicken begeistert.

»Und ich organisiere für den Mai unser Geschwistertreffen in Mailand. Du kannst bei Amel schlafen, ich habe schon alles abgeklärt, und ich bleibe bei Ines. Die beiden wohnen nicht weit auseinander. Wir werden in jedem Fall wunderbar bekocht. Du wirst es lieben. Amels Spaghetti sind grandios.«

Wir plappern und planen ohne Pause.

Dann verabschiede ich mich mit vielen Küsschen von Sihem und den Kindern, und im Auto auf dem Weg zum Flughafen bereiten wir beide auch noch unsere Reise nach Constantine vor.

»Ich zeige dir Constantine, ach was, jeden einzelnen Ort, der wichtig für Papa war. Du wirst mit ihm gehen, das verspreche ich dir«, sagt er und nimmt dabei meine Hand.

»Vielleicht fahren wir auch einmal zusammen nach Prag«, schlage ich vor.

»Überallhin, wo du willst!«

Ich bin so gerührt, dass ich ihn spontan umarme. Wie viel Liebe spricht aus diesem Menschen. Ich bin eine Fremde, ein Seitensprung, und doch gehöre ich dazu, und das zeigt mir Zoheir ohne jede Einschränkung.

Ich genieße seine Zuwendung quasi bis zum Gate. Bevor ich durch die Sperre gehe, nehmen wir uns noch einmal fest in den Arm. Es fühlt sich alles so natürlich an: Ich habe wirklich meine Familie gefunden, und das wird sich nie mehr ändern.

Zurück in Deutschland gehe ich wie auf Wolken.

Ich fühle mich komplett und tausche mich weiterhin fast täglich mit Zoheir aus und unregelmäßig mit meinen Schwestern sowie Salha.

An Silvester stoße ich erst mit Torsten an, aber dann sogleich auch mit meinem Bruder Zoheir, der mir via Videocall zuprostet. Es ist so schön, diese Familie zu haben, und wir wollen uns im Mai alle in Italien treffen.

Doch es kommt anders. Corona macht uns einen dicken Strich durch die Rechnung. Unsere Zusammenkunft in Mailand wird auf unbekannte Zeit verschoben.

Zoheir schlägt den September vor, da ist das Wetter noch herrlich, aber der Tourismus schon wieder überschaubar. Ich bin dabei. Wir trösten uns in der Zwischenzeit mit Endlostelefonaten.

*

»Der Kleine hat ein wirkliches Talent in Mathe!«

Ich bin auf dem Elternsprechtag. Simon ist jetzt in der ersten Klasse und kann für sein Alter schon richtig gut mit Zahlen umgehen. Ich hatte die ganze Zeit das Gefühl, dass dort seine Begabung liegt. Jetzt bestätigt mir seine Lehrerin die Vermutung.

»Du machst das richtig prima, Simon«, sagt Frau Palke. Da bekommst du im Zeugnis einen tollen Vermerk von mir.«

Mein Kleiner rutscht stolz auf seinem Stuhl hin und her und strahlt.

Ich denke an mein langes Gespräch mit Tante Salha, das ich vor Kurzem geführt habe. Sie hat mir darin von meinem Vater erzählt und von seinem ausgeprägten mathematischen Talent. »Schon als kleiner Junge hat er mit den Zahlen regelrecht jongliert«, hat sie mir anvertraut.

Ich lächle Frau Palke an und nicke.

»Ich weiß, er liebt Mathematik. Das liegt in der Familie.«

Und etwas in mir wird ganz weit. Ich bin am Ziel. Ich kenne meine Familie, das ist so wertvoll. Mein langer Weg zu mir selbst, er hat sich gelohnt und wird auch noch den kommenden Generationen helfen.

*

Die Therapie tut mir gut. Von Termin zu Termin ordnet sich mein Inneres mehr, und ich finde Klarheit. Ich mag nicht mehr unter dem Schleier eines Familiengeheimnisses leben. Ich habe lange genug Everybody's Darling gespielt.

Im Sommer ist es so weit. Ich schreibe meiner Mutter einen Brief, in dem ich alles benenne, was mich seit meinem dreizehnten Lebensjahr quält.

Ein paar Tage lang sortiere ich in meinem Kopf, was ich ihr mitteilen will. An einem Sommerabend setze ich mich an den Schreibtisch, und die Worte fließen nur so auf das Papier.

*Hallo,*
*vor zwei Jahren haben Eure Worte das Fass endgültig zum Überlaufen gebracht. Klar und deutlich habt Ihr mir zu verstehen gegeben, dass ich nicht zu Euch gehöre – und damit auch nicht meine eigene kleine Familie.*

*Das Gefühl des »Nichtdazugehörens« begleitet mich seit*

*meiner jüngsten Kindheit. Ich habe immer gespürt, dass etwas in dieser Familie nicht stimmt. Mittlerweile ist mir auch klargeworden, dass Ihr uns Kinder niemals gleichbehandeln konntet/wolltet. Endlich habe ich verstanden, welchen Stellenwert ich in dieser Familie habe und was wirklich wichtig für Euch ist.*

*Ich hätte mir von Euch schon viel früher Ehrlichkeit und Offenheit gewünscht, allerdings nicht so extrem unverschämt, sondern in einem von Respekt und Verständnis geprägten Rahmen!*

*Leider kam die Wahrheit über meine Wurzeln nicht durch Euch persönlich ans Licht! Das Familiengeheimnis wurde perfekt gehütet, alle wussten es … niemand hat auch nur jemals ein Wort zu mir gesagt – ein wirklich widerliches Schweigen!*

*Und das Schlimme: Ihr steht bis heute dazu, dass Ihr niemals etwas gesagt hättet … und wollt die Brutalität Eures Handelns nicht erkennen: das Verfälschen meiner Identität und das damit verbundene Aufwachsen in einer merkwürdigen Atmosphäre, mit unsicheren Gefühlen, vielen Fragezeichen und zunehmender Ungerechtigkeit.*

*Um des lieben Friedens willen habe ich mich immer wieder zurückgenommen, viele belastende Situationen mit Euch heruntergeschluckt und mich immer hintangestellt, mich angepasst und bemüht, nicht negativ aufzufallen … und bin auch nicht aufgefallen und wurde auch nicht mehr gesehen. Daher ging die volle Aufmerksamkeit Eurerseits auch woandershin – bis heute!*

*Ihr habt Euch bis heute wahrscheinlich nicht gefragt, was das mit mir gemacht hat, was ich fühlte und immer noch fühle, egal ob als Kind, Jugendliche oder Erwachsene. Natürlich nicht! Denn es hat Euch nicht interessiert … die Wahrung eines auf Lügen aufgebauten Familienglücks war Euch wichtiger.*

*Ich bin davon überzeugt, dass es immer schon eine Strafe für Euch war, dass es mich überhaupt gibt. Warum solltet Ihr Euch also mit meinen Gefühlen beschäftigen?*

*Über drei Jahrzehnte lang habe ich immer wieder nach meinen Wurzeln gefragt und um Informationen gebeten. Ja, ein paar Häppchen habt Ihr mir ab und an serviert, na ja, eigentlich eher widerwillig hingeworfen, damit ich Ruhe gebe. Aber die von mir ersehnte innere Ruhe habe ich nie gefunden. Es ist nahezu unerträglich, wenn man nicht weiß, von wem man genetisch abstammt, woher man kommt. Das Wissen um die eine Hälfte reicht zum Seelenfrieden einfach nicht aus!*

*Nicht einmal, als ich erwachsen war, seid Ihr über Euren Schatten gesprungen und habt die vielen Gelegenheiten nicht genutzt, mir Eure und damit auch meine Geschichte zu erzählen, mit all den Emotionen, die dazugehören. Ihr habt die Vergangenheit, die mit mir zu tun hat, einfach immer nur schlechtgeredet und mir keine Möglichkeit gegeben, mich damit positiv auseinanderzusetzen.*

*Es war bestimmt auch für Euch keine leichte Situation, aber mich mit so einer Lüge aufwachsen zu lassen und mir auch später immer wieder das Gefühl zu geben, wenig richtig zu machen, ist einfach nur verantwortungslos und hinterhältig!*

*Jede noch so kleine Information zu meinen Wurzeln, vor allem aber Offenheit und Aufrichtigkeit, hätte mein Vertrauen in die Familie gestärkt und ein Band geschaffen, das wahrscheinlich nie mehr hätte durchtrennt werden können.*

*Ihr habt es in keiner Lebensphase geschafft, mich wirklich in die Familie zu integrieren und die wunden Stellen zu versorgen. Stattdessen habt Ihr mich immer nur mit Schutzbehauptungen abgespeist und mich alleingelassen.*

*An seelischer Grausamkeit kaum zu überbieten: Bernd und*

*seine Geschwister haben jahrelang offen und mit großer Sehnsucht nach ihrem leiblichen Vater gesucht und mit viel Energie Ahnenforschung betrieben – das war ein ganz großes Thema –, und allen war es gleichzeitig egal, wie es mir damit ging!?*

*Es hätte wirklich nicht viel gebraucht aus meiner Sicht: nur Eure Aufrichtigkeit in meiner Kindheit, Jugend und Gegenwart!*

*Esther*

Puh, ich bin dann richtig erleichtert, als ich den Kugelschreiber zur Seite lege und die dicht beschriebenen Blätter vor mir liegen sehe. Ich habe mein Innerstes nach außen gekehrt.

Endlich! Ich fühle mich, als hätte ich reinen Tisch gemacht. Alles, was ich mich nie getraut habe, auszusprechen, steht jetzt Schwarz auf Weiß da. Als ich den Brief noch einmal lese, kommen mir manche Formulierungen zu hart, vielleicht an ein oder zwei Stellen auch etwas respektlos vor. Eine Sekunde lang denke ich daran zu feilen, Wörter zu ändern. Aber dann entscheide ich mich dagegen. Ich darf auch Gefühle haben, und ich darf sie auch äußern.

Jetzt. Endlich.

Ich ändere nichts, sondern falte die Briefbögen zusammen und stecke sie in einen Umschlag, beschrifte und frankiere den Brief und bringe ihn zum Briefkasten.

Meine Eltern sollen sehen, wie verletzt ich bin. Ich spiele ihnen hiermit den Ball zu und wünsche mir insgeheim ein Zeichen.

Als ich den Brief einwerfe, fühle ich mich von einer zentnerschweren Last befreit.

»Für mich ist es ein Hilfeschrei nach Liebe«, sagt mir Torsten am Abend. Ich habe ihm Kopien meines Briefes zum Lesen gegeben, und er bringt es wohl auf den Punkt.

»Ja«, bestätige ich ihm. »Es geht mir immer nur darum. Ich weiß das. Ich möchte von meinen Eltern geliebt werden und den bohrenden Zweifel in meinem Herzen endlich loswerden.«

»Wenn ich Vater oder Mutter wäre und so einen Brief erhalten würde, wäre mein Verhalten klar: Ich würde mich ins Auto setzen und zu dir fahren, sofort. Weil ich aus dem Brief herauslese, was du brauchst: meine Liebe, nichts weiter.«

Ich lehne meinen Kopf an seine Schulter. »Es wäre so schön«, sage ich leise. »Ein Satz würde genügen, und ich wäre der glücklichste Mensch der Welt.«

Aber ich warte vergebens. Es klingelt nicht an meiner Tür, und es klingelt auch nicht das Telefon. In meinem Kopf rechne ich aus, wann der Brief angekommen sein muss. Ich denke mir auch Entschuldigungen aus, überlege, dass sie im Urlaub sein können und der Brief meine Eltern noch nicht erreicht hat. Ich denke mir vieles aus: Der Brief ist vielleicht verloren gegangen, hinter den Briefkasten gerutscht und, und, und …

Torsten fragt nicht nach, und meine Freundinnen, denen ich davon erzählt habe, erkundigen sich auch nur einmal. Sie alle sehen, wie tief getroffen ich bin. Es ist, als ob ich meinen Brief, den Aufschrei meiner Seele, ins Nichts geschickt hätte.

Aber ich habe gelernt, Probleme zu meistern. Und genau das tue ich.

Ich habe meine Wurzeln allein gefunden. Das zählt.

# Kapitel 13

»Hast du Zeit?« Zoheir ist am Apparat. Ich bin gerade erst von der Arbeit gekommen und überrascht, dass mein Bruder um diese Zeit anruft. Normalerweise telefonieren wir erst am Abend miteinander. Ein Anruf um diese Zeit ist sehr ungewöhnlich, und ich höre an seiner Tonlage sofort, dass etwas nicht stimmt.

»Ja, natürlich«, antworte ich instinktiv, stelle schnell meine Handtasche weg und schlüpfe aus meinen Schuhen.

»Ist etwas passiert? Du klingst so anders!«

»Ja, und ich muss dir etwas sagen, etwas nicht so Schönes!«

Ich schenke mir ein Wasser ein und setze mich auf das Sofa. Torsten ist mit den Kindern heute beim Schwimmen. Ich bin allein und habe ganz viel Zeit.

»Was ist los? Das klingt ja gar nicht gut.«

»Erinnerst du dich, dass ich schon ein paar Mal über Rückenschmerzen, Müdigkeit und Schwäche geklagt habe?«

»Ja, seit ein paar Monaten schon. Du meintest doch immer, es sei der Stress.«

»Ja, das dachte ich auch. Aber es wurde in letzter Zeit immer schlimmer. Ich kam morgens kaum mehr aus dem Bett, und auch Kaffee half nicht, mich wieder auf Touren zu bringen.«

»Warst du beim Arzt?«, unterbreche ich ihn aufgeregt.

»Ja, und das Ergebnis ist leider ziemlich niederschmetternd.«

Ich spüre, wie mein Herz losgaloppiert. Wir sind uns in den letzten Monaten so nahegekommen. Ich ertrage es nur schwer, dass es diesem herzensguten Menschen nicht gut geht. Nervös nippe ich an meinem Glas.

»Oh ja, was hast du denn?«, frage ich und bemühe mich, dass meine Stimme ruhig und einfühlsam klingt.

»Krebs, genauer Darmkrebs!«

Ich bin völlig geschockt und bekomme keinen Ton mehr heraus.

»Esther?«, fragt Zoheir nach, aber ich habe Mühe, zu antworten.

»Jaja, verzeih, ich bin nur so geschockt.«

»Das war ich auch. Ich war so durcheinander, dass ich es auch niemandem sagen konnte. Ich brauchte ein paar Tage.«

»Das glaube ich, Zoheir. Es ist auch eine schlimme Diagnose. Aber zum Glück bekommt man Darmkrebs heute gut in den Griff«, versuche ich, ihn zu beruhigen.

»Ja, das sage ich mir auch.«

»Wie sieht denn die Behandlung aus?«

»Ich werde in einer Woche operiert und bekomme danach eventuell noch eine Chemotherapie. Ich hoffe, dass alles gut geht. Ich möchte meine Geschwister persönlich informieren. Du bist die Erste.«

»Zoheir, wenn du Hilfe brauchst, bitte lasse es mich wissen.«

»Ich danke dir, aber ich komme zurecht. Sihem ist da, sie kümmert sich um die Kinder, und finanziell ist alles gut. Ich habe zum Glück einen sicheren Arbeitsplatz und bekomme im Krankheitsfall neunzig Prozent meines Gehaltes. Ich bin abgesichert.«

»Das ist gut«, sage ich leise. »Und Zoheir …«, ich atme tief durch, mache eine Pause, »… Zoheir, du schaffst das. Weil wir dich alle brauchen.«

»Ich habe kämpfen gelernt, Esther. Mein Leben war nie leicht. Ich weiß, dass ich stark bin. Du kannst dich auf mich verlassen.«

»Ja, wir wollen uns doch in Mailand treffen. Darauf freue ich mich so sehr.«

»Und ich erst. Corona hat uns das einmal kaputtgemacht. Ein zweites Mal mache *ich* uns das nicht kaputt.«

Als wir uns liebevoll verabschieden und dann das Gespräch beenden, schaffe ich es nicht mehr, mich zusammenzureißen. Ich weine bitterlich. Zoheir ist das Band zu meiner zweiten Hälfte, zu dem algerischen Teil meiner Familie. Ich habe so lange darauf gehofft, meine Identität zu finden, dazuzugehören und geliebt zu werden. Es kann nicht sein, dass er mir wieder genommen wird.

Natürlich denke ich an die genetische Disposition. Unser Vater war fünfundvierzig Jahre alt, als er den Kampf gegen den Darmkrebs verlor. Zoheir ist jetzt ebenfalls in dem Alter. Das kann kein Zufall sein. Und während ich über das Schicksal meines Bruders nachdenke, schnürt mir ein weiterer Gedanke die Kehle zu: Es gibt offenbar eine genetische Disposition in der Familie, das heißt, es ist gut möglich, dass auch ich diese habe. Ich kenne jetzt meine Familie und habe damit auch Informationen über die Gene, leider nicht nur gute.

»Du könntest auf jeden Fall mit Frau Dr. Stielow, unserer Hausärztin, darüber sprechen«, meint Torsten, als ich ihm in Ruhe von der schlimmen Nachricht erzähle und auch die Angst um meine Gesundheit nicht verschweige. »Du solltest auf Nummer sicher gehen und regelmäßig eine Darmspiegelung machen lassen.«

Ich nicke.

»Genau das habe ich vor. Hätte ich Zoheir nicht gefunden, wären mir diese Vorsichtsmaßnahmen gar nicht in den Sinn gekommen. Ich hätte unbekümmert in den Tag hineingelebt. Und es geht auch nicht nur um mich, sondern auch um unsere Kinder.«

»Genau, wer weiß, wenn man das weiterdenkt, hat dir und den Kindern die Begegnung mit Zoheir und das Wissen über diese genetische Disposition vielleicht das Leben gerettet«, spinnt Torsten den Faden weiter.

»Du solltest in nächster Zeit noch ein bisschen herumfragen. Vielleicht kommt noch mehr ans Licht«, meint er dann noch, und seine Stimme klingt besorgt.

»Ja, ich spreche mal mit Salha, der Schwester meines Vaters. Sie wird das bestimmt alles wissen. Aber erst einmal kümmere ich mich um meinen Bruder. Ich möchte ihm helfen, den vor ihm liegenden Kampf zu gewinnen.«

Die kommenden Tage warte ich ungeduldig auf Zoheirs Nachrichten und erlebe, dass er mich liebevoll und einfühlsam auf dem Laufenden hält. Er macht zwischen mir und seinen anderen Geschwistern keinen Unterschied, und damit habe ich zum ersten Mal in meinem Leben die Sicherheit, wirklich zu einer Familie zu gehören. Bei meinen Eltern hatte ich immer dieses Gefühl, nicht wirklich dazuzugehören. Ein Gefühl, das mich erst verunsichert, beunruhigt, belastet und schließlich ängstlich und sogar krank gemacht hat. Zoheirs Liebe und Zuneigung und die meiner anderen Geschwister machen mich stark und mutig.

*

Zoheir übersteht die OP. Es wird ihm ein sechs Zentimeter großer Tumor entfernt, der nicht gestreut hat.

Als Zohier mir das in einem Telefonat erzählt, ist er überglücklich, weil er bei seiner Familie sein kann und sehr zuversichtlich ist, dass jetzt alles wieder gut wird. Ich bestärke ihn darin und verspreche ihm zum wiederholten Mal, immer für ihn da zu sein.

Insgesamt ist es eine schwere Zeit für mich. Mir setzt die Verlustangst zu, und ich bin froh, dass meine Therapie noch nicht beendet ist und ich Gelegenheit habe, mit meiner Therapeutin über die dramatischen Neuigkeiten zu sprechen.

Frau Dr. Wille hilft mir, die Situation anzunehmen und daran zu wachsen. Denn ich erlebe, dass meine algerische Familie, zu der ich auch gehöre, in der Not fest zusammenrückt.

Was mich jedoch zunehmend bedrückt, ist, dass ich nach wie vor keinen Kontakt zu meiner deutschen Familie habe.

Aber ich vermag auch nicht die Kraft aufzubringen, auf meine Eltern zuzugehen.

*

»Was machen wir denn jetzt Weihnachten?«

»Was heißt das? Wir feiern wie immer«, antworte ich und tue Torsten nicht den Gefallen, auf den fehlenden Kontakt zu meinen Eltern einzugehen.

Torsten versteht sofort, dass ich blockiere, und spricht weiter normal über die Geschenke, die wir uns für die Kinder überlegen. Er weiß, dass ich diese Wunde in mir trage und sie zu Weihnachten ganz besonders schmerzt. Aber ich bin innerlich so enttäuscht und fühle mich so abgewiesen, dass ich es nicht schaffe, auf meine Mutter zuzugehen. Oder?

Ich wische meine Zweifel weg, weil ich mich nicht damit auseinandersetzen will. Natürlich tut es mir für meine Kinder leid, die ihre Großeltern ja lieben. Aber ich meine, dass sie jetzt mal am Zug sind.

Torsten startet dann einen neuen, bestimmt sehr lieb gemeinten Vorstoß.

»Was hältst du davon, wenn wir Maike und Thomas und auch Sabine und Karsten im Sommer mal wieder besuchen. Wir haben unsere Freunde alle so lange nicht mehr gesehen …«

»Du sagst ›unsere Freunde‹, aber du meinst meine Eltern, nicht wahr? Du möchtest, dass wir sie besuchen«, übersetze ich seine Worte und weiß, dass ich damit ins Schwarze treffe.

»Das habe ich nicht gesagt, aber zumindest möchte ich nach Weimar.«

»Warum?«

»Das habe ich doch gerade gesagt. Um unsere Freunde mal wiederzusehen.«

»Und wo wollen wir übernachten?«

»Schatz, es gibt überall Ferienwohnungen. Ich buche uns im Juli eine schöne Wohnung, und wir besuchen unsere Freunde und sehen deine Heimat wieder. Was hältst du vom Besuch einer Messe in der Jakobskirche?«

Wie schön! Wir könnten in die Kirche gehen, in der wir uns das Jawort gegeben haben. Das ist eine hübsche Idee.

»Und was machen wir mit meinen Eltern?«

»Das entscheiden wir spontan!«

»Die Kinder gehen bestimmt mal für ein paar Stunden zu Oma und Opa?«, werfe ich ein.

Mein Torsten, er ist ganz schön raffiniert. Aber ich bin einverstanden, weil ich auch Sehnsucht nach Weimar habe und mich schon sehr auf meine Heimat freue.

Und wer weiß, wie diese Reise endet …

Wir entscheiden uns wenig später, bald schon eine wunderschöne Ferienwohnung in der Innenstadt zu mieten.

*

Wenige Tage vor Heiligabend bringt der Postbote dann ein riesengroßes Paket, adressiert an Annika und Simon.

Als Torsten und ich es öffnen, um die hübsch verpackten Geschenke für die Kinder herauszuholen und im Schrank zu verstecken, hoffe ich insgeheim auf einen Gruß. Wir haben jetzt schon fast zwei Jahre lang keinen Kontakt mehr. Meine Eltern könnten doch die Situation nutzen und mir wenigstens eine kurze Nachricht zukommen lassen, an ein kleines Geschenk für mich mag ich schon gar nicht denken.

Torsten kann meine Gedanken lesen, und als ich sichtlich getroffen das leere Paket entsorgen will, nimmt er mich fest in den Arm.

»Verstehst du das? Ich bin Luft für sie!«, murmle ich und sehe ihn traurig an.

»Nein, so darfst du es nicht sehen. Ich denke, sie können einfach nicht damit umgehen. Sie leben in ihrer eigenen kleinen Blase und setzen sich nicht mit der Situation auseinander. Wahrscheinlich könnten wir jetzt ganz normal mit ihnen am gedeckten Tisch sitzen, und sie würden so tun, als wenn nichts wäre.«

»Stimmt, das haben sie schon oft so gemacht«, sage ich leise. Ich bin zwar traurig, aber mein Herz fühlt sich nicht mehr an wie in Stücke gerissen. Der Schmerz geht nicht mehr so tief. Die Therapie wirkt.

*

Als meine Kinder Heiligabend ihre Geschenke auspacken, gibt es strahlende Gesichter. Meine Eltern haben mit allen Sachen ins Schwarze getroffen. Die Kinder sind selig. Ich freue mich mit ihnen.

»Ihr habt wunderschöne Geschenke bekommen. Dafür müsst ihr euch später bei Oma und Opa bedanken«, sage ich ihnen am nächsten Morgen. Wir frühstücken ausgiebig, lachen, spielen mit dem schönen Spielzeug, unter anderem einem wunderschönen Lego-Haus, das sie von meinen Eltern bekommen haben.

Und dann ist es so weit. Ich stelle den Lautsprecher laut, und Annika wählt die Nummer meiner Eltern.

Es ist schon ein merkwürdiges Gefühl. Ich sitze da und horche, natürlich in der Erwartung, heute, an diesem Weihnachtstag, von meinen Eltern etwas Zuwendung zu bekommen.

Und dann höre ich die vertraute Stimme meiner Mutter. Ich möchte gern mit ihr sprechen, aber etwas in mir hält mich zurück, und so bleibe ich Zuhörerin, mit pochendem Herzen.

Meine Mutter spricht sehr liebevoll mit den Kindern, später nimmt mein Vater den Hörer.

Annika erzählt, wie sie mit Torsten und mir gespielt habe, dass sie das Hörbuch klasse finde und ihr der von meiner Mutter ausgesuchte Schal besonders gut gefalle. Simon quasselt immer wieder lebhaft dazwischen, schwärmt von dem neuen Lego-Haus und dem Bastelset. Sie erzählen abwechselnd, wie das neue Familienspiel ankam, das ebenfalls im Karton war, und berichten auch bereitwillig, was wir zu Abend gegessen hätten: Es gab Heringssalat mit Baguette. Diesen Salat macht meine Mutter schon seit meiner Kindheit jedes Jahr an Weihnachten, und ich liebe ihn sehr.

Und irgendwann, nach gut dreißig Minuten, möchten sich meine Eltern verabschieden.

»Jetzt! Jetzt kommt noch etwas!«, denke ich sofort und richte mich gespannt auf. Ich kann mir verschiedene Sätze vorstellen, die meine Mutter gleich sagen wird: »Gib mir mal deine Mutti bitte!« oder: »Möchtet ihr uns nicht alle wieder einmal besuchen?« Vielleicht auch die Version einer vorsichtigen Annäherung wie: »Bestelle deiner Mutti ganz liebe Grüße von mir, Annika!«

Vieles ist denkbar, und ich lausche voller Anspannung, was jetzt kommt.

»Dann tschüss, ihr beide!«, höre ich da.

»Ihr beide.« Die Formulierung hallt mir im Ohr.

Ich sehe Torsten völlig verwundert an. Er weiß, was mir durch den Kopf geht, und legt mir Mut machend den Arm um die Schulter.

»Klick!«

Aus. Vorbei. Das war's.

Kein Gruß von meiner Mutter? Nichts? Sie hat genau gehört, dass der Lautsprecher angeschaltet war, und ignoriert mich einfach mal wieder! Das Gespräch mit den Kindern war doch die Gelegenheit, einen Weg zueinanderzufinden.

Ich verstehe es nicht. Es wäre doch ideal gewesen, einen Weg zu suchen, um künftig anders miteinander umzugehen. Wir müssen doch Verständnis füreinander aufbringen und schließlich einmal offen über unsere Situation und unsere Gefühle sprechen!

Ich würde so gern diesen Weg gehen. Aber wir müssen es beide wollen …

»Das war ein schönes, langes Gespräch mit euren Großeltern«, lobe ich meine beiden Kinder und hoffe, dass sie nicht merken, wie enttäuscht ich bin.

»Können wir denn jetzt bald mal wieder zu Oma und Opa?«, jammert Simon. Und Annika macht sofort mit. »Ja, zu Oma und Opa möchte ich auch.«

Ich auch, denke ich leise. Aber leider steht eine unsichtbare, sehr spürbare Wand zwischen uns.

»Wir fahren ja im Sommer nach Weimar«, sagt Torsten. »Dann besucht ihr auch Oma und Opa.«

»Wohnen wir denn nicht in ihrem Haus?«

»Nein, da ist es zu eng. Wir werden eine schöne Wohnung mieten für ein paar Tage und Ferien machen.«

Annika strahlt, und während Simon schon wieder mit seinem Lego-Haus beschäftigt ist, meint sie dann leise: »Schade, dass ihr Streit habt«, und kuschelt sich an mich. Meine Kleine, sie fühlt, was mich bedrückt.

»Streit ist zu viel gesagt, Annika. Erwachsene sind manchmal komisch, und da ist es gut, sich mal aus dem Weg zu gehen.«

»Stimmt«, nickt Annika. »Aber ich mag Oma und Opa gern.«

»Ich auch«, antworte ich und streichle sanft ihr Gesicht. »Mach dir mal keine Gedanken.«

»Willst du bei ihnen vorbeischauen, wenn wir bald in Weimar sind?«, fragt mich Torsten später, als wir allein zusammensitzen und die Kinder bereits schlafen.

»Ich weiß es nicht«, antworte ich wahrheitsgemäß. »Aber wer weiß, wie sich alles entwickelt.«

»Bist du dafür offen?«

»Ja natürlich. Ich liebe meine Eltern und die Funkstille belastet mich. Aber ich schaffe es eben nicht, den ersten Schritt zu machen. Ich fühle mich irgendwie wie zwischen allen Stühlen. Ich habe Verständnis für meine Mutter und ihr Schweigen, ganz ehrlich. Aber ich habe auch meine eigene Position. Das Verschweigen meines Vaters hat mich viel Kraft und Zeit gekostet und mir auch vieles schwerer gemacht. Es ist schade, dass ich so viele Jahre lang nicht die Chance bekommen habe, ihn kennenzulernen. Und das ist nun eben glasklar ihre Schuld, womit ich alles Recht der Welt habe, verärgert zu sein!«

»Das ist richtig«, bekräftig Torsten mein Gefühl. »Aber es ist erst einmal schön zu sehen, wie stabil du mittlerweile bist. Und noch etwas: Recht haben ist keine angemessene Kategorie«, versucht er mich aus meinem Groll zu holen. »Du weißt ja, dass letztlich immer die Liebe siegt …«

*

Die Bestätigung dessen erfolgt auch bei meinem letzten Therapietermin, bei dem ich von den Ereignissen berichte.

»Prima, Sie grübeln nicht mehr so viel und lassen sich nicht mehr so leicht angreifen. Vielleicht gibt es eine Annäherung, vielleicht aber auch nicht. Das Wichtigste ist, dass Sie keinen Leidensdruck mehr verspüren. Ihre Eltern lieben Sie, ganz sicher, aber im Moment gibt es Blockaden. Das kann sich jedoch geben. Zumindest haben Sie jetzt das Rüstzeug für Ihr Leben.«

Ich nicke und bin stolz auf mich. Ich denke auch an meine algerische Familie, die ihren Anteil an dieser Entwicklung hatte.

»Doch die Verletzungen abzuschütteln geht leider nicht per Knopfdruck«, gestehe ich.

»Muss es auch nicht. Sie haben ja Zeit …«, bestärkt mich Frau Dr. Wille mit einem aufmunternden Lächeln.

Es ist quasi unsere Abschiedssitzung, denn die Therapie ist an diesem Tag beendet.

Frau Dr. Wille wird mir fehlen, ebenso wie die anderen Teilnehmer unseres Kreises. Wir haben uns dank ihrer Moderation gegenseitig tiefe Einblicke in unser Inneres gewährt und voneinander Wichtiges gelernt: Wir können Abläufe und Zusammenhänge nun besser einordnen und so reagieren, dass wir den Kopf oben behalten.

Die Leere, die mich so viele Jahre verstört hat, ist ausgefüllt.

Ich fühle mich wieder stabil und lebendig und stark genug, mich dem Leben zu stellen, mit all seinen Überraschungen, auch den ganz großen.

*

*Als ich aus dem Flugzeug steige, umweht mich ein heißer Mittelmeerwind. Ich schaue über das Rollfeld des International Flughafens von Algier und bis zum Horizont.*

*Wenn mir jemand vor einem Jahr gesagt hätte, dass ich sorglos in ein Flugzeug steigen und den Kontinent verlassen würde, hätte ich ihn für verrückt erklärt. Gut, ich habe es geschafft, nach Stockholm zu fliegen. Das war für mich bereits eine Riesenleistung, und sie hat mich auch sehr viel Kraft und Überwindung gekostet. Aber eine Flugreise nach Nordafrika, das hätte ich mir nie und nimmer zugetraut.*

*Doch dieses Mal war alles anders. Ich habe einfach den Flug gebucht, und statt Flugangst hat mich Vorfreude erfüllt. Vorfreude darauf, etwas zu Ende zu führen, das vor vielen Jahren irgendwo in der Prager Altstadt begann …*

*Ich habe nur leichtes Gepäck dabei und gehe ruhig und entspannt die Gangway hinunter.*

*Und dann ist es so weit: Ich betrete zum ersten Mal in meinem Leben das Land meines Vaters, Algerien.*

*Es ist ein wunderbar erhabenes Gefühl, als ich mit festem Schritt den Boden betrete. Es ist der Schritt, der mir noch fehlt, um endlich anzukommen und das aufregendste Kapitel meines Lebens abzuschließen. Vor mir liegen nur wenige Tage, aber es ist die Zeit, die es braucht.*

*Ich bin mit wenigen Menschen an diesem Sommertag unterwegs. Nicht viele wollen offenbar nach Algier.*

*Ich habe nur Handgepäck und bin schnell durch die Passkontrolle.*

*»Bon séjour«, wünscht mir der nette junge Mann hinter der Plastikscheibe einen schönen Aufenthalt und lächelt mich fröhlich an. Für einen Moment treffen sich unsere Blicke, und ich erschrecke, weil mich seine tiefdunklen Augen an meinen Vater erinnern.*

*»Merci beaucoup«, antworte ich und lächle genauso freundlich zurück.*

*Als ich in das Flughafengebäude komme, kann ich bereits meinen Namen lesen. »Madame Esther« steht dort auf einem Karton geschrieben, den ein junger Mann in den Händen hält. Er ist um die dreißig Jahre alt, trägt Jeans und Shirt und kommt auf mich zu, als ich ihm signalisiere, die gesuchte Esther zu sein.*

*»Je suis Henry, Ihr Fahrer!«, sagt er und streckt mir seine Hand entgegen. Er nimmt mir meine leichte Tasche ab, und gemeinsam steuern wir zum Ausgang.*

*»Hatten Sie einen guten Flug?«, möchte er wissen und hält mir dabei die Glastür auf. »Der Wagen steht draußen. Wir fahren viereinhalb Stunden, dann sind wir in Constantine.«*

*Ich habe zu Hause fleißig Französisch gebüffelt und verstehe Henry wirklich gut.*

*»Ich freue mich auf unsere Tour«, sage ich und wundere mich, wie ruhig und innerlich entspannt ich auf mein Abenteuer zusteuere.*

*Vor dem modernen Flughafengebäude erwartet mich der Trubel einer Millionenstadt. Autos fahren wild durcheinander, es wird gehupt und geschimpft.*

*Henry bringt mich zu einem alten Mercedes und hält mir die Tür auf. Und dann geht's los.*

*Ich kurble das Fenster herunter und lasse eine spektakuläre Kulisse vorüberziehen.*

*Wir fahren vorbei an hässlichen Wohnblocks, kleinen reizlosen Ortschaften und kommen schließlich in eine wunderbar saftig grüne, sehr fruchtbare Küstenlandschaft. Überall hängen Orangen und Oliven an den Bäumen, das Gemüse wächst üppig.*

*Nur wenige Autos fahren über die Landstraßen, unterbrochen von Eselsgefährten. Es ist eine herrlich friedliche Stimmung, und unmerklich wird die Straße steiler, schraubt sich hinauf in das Gebirge und gibt spektakuläre Blicke frei über eine wunderbare Landschaft. Am Horizont ist das Meer zu erkennen.*

*Henry erzählt mir viel von seinem Land, das auch zumindest teilweise meins ist. Er erzählt von sich und seiner Familie, und ich sauge die Sätze auf, weil ich mich diesem Mann aufgrund seiner Herkunft so vertraut fühle.*

*Wir machen Pause an einem Rasthaus, trinken Tee und essen Datteln und düsen dann weiter. Die Zeit, bis mich der Fahrer in Constantine vor das Hotel fährt, vergeht wie im Fluge.*

*Ich wohne im Herzen der Stadt in einem großzügig angelegten Ibis-Hotel und freue mich bei der Hitze auf ein klimatisiertes Zimmer.*

*Aber Henry weiß, dass ich hier nur kurz einchecke und er bitte auf mich warten soll. Ich möchte nur mein Zimmer beziehen, mich frisch machen und umziehen.*

*Das geht recht schnell, und dann trage ich eine safranfarbene Tunika mit einer weißen Leinenhose, dazu weiße Leinenslipper. Um die Schultern habe ich mir locker ein blassrotes Tuch geschlungen. Ich fühle mich wohl.*

*Als ich wieder zu Henry ins Auto steige, fahren wir zu einem Blumenladen. Ich besorge weiße Rosen und lasse sie mit etwas Myrrhe zu einem wunderschönen Strauß binden.*

*Die Blumen in der Hand, geht meine Tour weiter und bis vor die Tore der Stadt. Wir fahren einen Hügel hinauf durch eine Platanenallee.*

*Ich bin still, sehe nur aus dem Fenster in diese fast schon mystische Natur. Henry stoppt, steigt aus dem Auto und öffnet mir die Tür.*

*»Madame«, sagt er höflich und streckt mir sogar die Hand entgegen. Ich lächle. Er glaubt, dass mir mein Weg schwerfällt und will mir helfen.*

*Aber er fällt mir nicht schwer, er ist leicht, denn ich freue mich auf eine wunderbare Begegnung.*

*Ich mache schnell meine Handtasche auf, hole ein sorgfältig gefaltetes Stück Papier heraus und fixiere die Zeichnung. Es ist relativ unkompliziert.*

*Und dann laufe ich, die Rosen in der rechten Hand und den Zettel in der linken, zielgerichtet geradeaus. Die Sonne brennt jetzt um diese Zeit fast schon gnadenlos. Ich zurre den Schal um den Kopf, der mir etwas von der Hitze nimmt.*

*Und dann bin ich endlich da und lese den Namen: Zoheir Deneche, geboren am 25.11.1948 in Constantine, gestorben am 29.10.1994 in Algier.*

*Ich stehe am Grab meines Vaters, und heiße Tränen schießen mir ins Gesicht.*

*»Mon père, mon grand héros«, flüstere ich auf Französisch und muss einen Moment lang über mich selbst schmunzeln.*

*Ich habe diese Sätze geübt, weil ich glaube, dass mich mein Vater in seiner Sprache besser versteht. Aber ich lasse es bei dieser Anrede, für alles andere, das ich ihm sagen möchte, steige ich auf Deutsch um.*

*Ich erzähle ihm von meinem Leben. Dass ich immer gespürt habe, dass es ihn gibt, und dass ich viele, viele Male von ihm geträumt habe und es Zeiten gab, in denen ich ihn unfassbar vermisste. Ich sage ihm, dass ich ihn gebraucht hätte, aber auch, dass ich ihn verstehe. Die Tradition hatte ihn fest im Griff und auch die Liebe zu seiner Frau, die in der Heimat auf ihn wartete.*

*Ich erzähle ihm von meiner Mutter, die sein Bild in ihrem Herzen aufbewahrt und ihn bestimmt niemals vergessen hat …*

*Ich weiß nicht, wie lange ich dort stehe und rede. Mal wirklich laut, mal nur in Gedanken. Es gibt viel zu erzählen, denn immerhin ist es das erste Mal, dass wir uns begegnen. Und es wird zugleich auch das letzte Mal sein, dass ich hier stehe.*

*»Die restliche Zeit meines Lebens werde ich dir ebenfalls immer viel von mir erzählen, aber wir werden uns nie mehr so nah sein wie jetzt, zumindest nicht räumlich«, vertraue ich ihm noch an.*

*Und dann sage ich leise »Adieu« und lege den Blumenstrauß auf sein Grab.*

*Als ich mich umdrehe, sehe ich Henry auf einer kleinen Bank sitzen. Henry, er ist so geduldig.*

*Ich sehe noch einmal auf die Grabstelle. »Papa, mach's gut. Ich bin froh, dass ich dich gefunden habe!«*

*Dann drehe ich mich um und lächle Henry zu.*

*»Wollen wir?«, fragt er unsicher.*

*Ich nicke.*

*»Kommen Sie jetzt regelmäßig?«, fragt er mich später, als er mich in seinem Wagen wieder in die Stadt fährt.*

*»Nein«, erwidere ich. »Ich habe alles gesagt.«*

*Der heiße Wind bläst mir ins Gesicht, und in dem Moment korrigiere ich mich. »Das heißt, ich weiß es nicht. Ich glaube, es gibt noch jemanden, der meinem Vater vielleicht einmal ›Bonjour‹ sagen würde: meine Mutter.«*

*»Ihre Mutter?«, fragt Henry und sieht mich über die Schulter hinweg irritiert an.*

*»Ja, richtig, Henry. Aber das ist eine lange Geschichte. Ich erzähle Sie Ihnen auf dem Weg zum Hotel. Wir müssen uns beeilen. Denn heute Abend werde ich zu einer großen Familienfeier erwartet, auf die ich mich schon so sehr freue …«*

# Sie rettete mir das Leben

Bärbel Probert-Wright
AN DER HAND MEINER SCHWESTER
Zwei Mädchen im kriegszerstörten Deutschland
Aus dem Englischen
368 Seiten
mit Abbildungen
ISBN 978-3-404-61715-9

1945: Die beiden Schwestern Eva und Bärbel, 19 und 7 Jahre alt, begeben sich kurz vor dem Ende des Zweiten Weltkriegs auf die Suche nach ihrer Mutter. Der Wunsch der beiden Mädchen, wieder bei ihr zu sein, ist stärker als ihre Angst. Und so ziehen sie los und gehen zu Fuß von Tabarz im Thüringer Wald über Jena und Halle bis nach Hamburg – quer durch Deutschland, ein zerstörtes Land voller Flüchtlinge, Soldaten und Plünderer.
Ein emotionales Zeugnis, in dem die Autorin auf berührende Weise darstellt, wie sie zwei Seiten des Krieges erlebte: Hunger, Zerstörung und Elend, aber auch Mitgefühl, Zuversicht und Liebe.